Ramona Jakob
Management Mama

Für Maximilian

Ramona Jakob

Management Mama

Wie Sie Familie und Beruf
erfolgreich unter einen Hut bekommen

Bibliografische Information der Deutschen Nationalbibliothek
Die Deutsche Nationalbibliothek verzeichnet diese Publikation
in der Deutschen Nationalbibliografie; detaillierte bibliografische Daten
sind im Internet über http://dnb.ddb.de abrufbar.

ISBN 978-3-89994-171-5

Die Autorin: Ramona Jakob (30) ist als berufstätige Mutter eines vierjährigen
Sohnes mit den täglichen Herausforderungen im Beruf sowie im Familienleben
vertraut. Schon während Ihrer Ausbildung zur Hotelfachfrau und anschließen-
den berufsbegleitenden Weiterbildung zur Personalfachkauffrau (während der
Schwangerschaft) entwickelt sie Erfolgsstrategien, die ihr auch im späteren familiären Leben sehr hilfreich sind. Neben dem 24-Stunden-Job in ihrer Familie
arbeitet sie erfolgreich als Training Manager in einer internationalen Luxus-
hotel-Kette.

© 2008 humboldt
Ein Imprint der Schlüterschen Verlagsgesellschaft mbh & Co. KG,
Hans-Böckler-Allee 7, 30173 Hannover
www.schluetersche.de
www.humboldt.de

Covergestaltung: Jenko Sternberg Werbeagentur, Apelnstedt
Innengestaltung: akuSatz Andrea Kunkel, Stuttgart
Titelfoto: getty images
Satz: PER Medien+Marketing GmbH, Braunschweig
Druck: Artpress Druckerei GmbH, A-6600 Höfen

Inhalt

Vorwort

Liebe Leserin,

haben Sie auch genug von den Diskussionen über Karriere-
frauen und Mütter, Hausfrauen contra Berufstätige? Wollen
Sie auch keine Bücher mehr von Frauen lesen, die die kontro-
versen Lebensweisheiten ihrer eigenen Streitschriften selbst
nie gelebt haben? Dann geht es Ihnen wie mir.

Doch statt mich weiterhin zu ärgern und von meinem Umfeld
sowie den Medien beeinflussen zu lassen, traf ich eines Tages
eine ganz persönliche Entscheidung. Allerdings nicht für ein
„entweder oder", sondern für ein „sowohl als auch". Denn
ich glaube daran, dass wir Frauen, statt uns Vorwürfe zu machen und uns über die einzig wahre (und nicht erreichbare)
Lebensausrichtung zu streiten, lieber voneinander lernen sollten! Wir können eine gute Mutter *und* im Beruf erfolgreich
sein.

In meiner Arbeit als Training Manager einer internationalen Luxushotel-Gruppe stellte ich später immer häufiger fest,
dass ich in meine Seminare Beispiele aus meinem Familienleben einbrachte, um Situationen und Verhaltensweisen anschaulich darzustellen. Andererseits nahm ich Wissen aus den
Bereichen Kommunikation, Kreativität und Verhandlungsgeschick mit in die tägliche „Erziehungsarbeit" in meiner
Familie auf. Alles schien miteinander zu verschmelzen und
mir war klar: Diese Strategien führen zeitgleich zu Erfolg in
Büro *und* Kinderzimmer. Aus dieser Einsicht entstand die Idee
zu diesem Buch, in dem ich Ihnen die wichtigsten Elemente

für Ihren persönlichen und beruflichen Erfolg mit auf den Weg geben möchte. Vorurteile werden aus dem Weg geräumt, um Platz für ein „Miteinander" statt eines „Gegeneinander" zu schaffen. Trauen Sie sich und probieren Sie die Strategien aus – Sie können nur gewinnen!

Ich wünsche Ihnen nun viel Spaß beim Lesen und Erforschen Ihrer eigenen Fähigkeiten, der Umsetzung im täglichen Leben und den Erfolg auf beiden Seiten!

Herzlichst, Ihre   Ramona Jakob

1 Erfolg durch Kommunikation & Einfühlungsvermögen

„Dass wir miteinander reden können,
macht uns zu Menschen."

———— *Karl Jaspers, 1883 – 1969, dt. Philosoph*

1.1 Frauen sind die Kommunikatoren Nummer 1!

Sie sind Sprachrohr der Familie, Wortführerin im Unternehmen, Vorsitzende unterschiedlichster Beiräte und Gremien, und eine große deutsche Boulevardzeitung würde sagen: „Wir sind Bundeskanzlerin." Dennoch gab das Magazin Focus im April 2007 bekannt, dass lediglich 15,4 % der Führungspositionen in deutschen Unternehmen von Frauen besetzt sind. In führenden DAX-Unternehmen sind es noch deutlich weniger. Doch Manager aufgepasst, nicht ohne Grund sagt der Volksmund:

Hinter jedem erfolgreichen Mann steht eine Frau!

So ist es nicht verwunderlich, dass letztlich die Assistentin der Geschäftsleitung die Geschicke des Unternehmens steuert, indem sie ihrem Chef die Pressetexte diktiert, Vertragsunterlagen aufsetzt und die aktuellen Zahlen in verständlicher Präsentation für die nächste Aktionärsversammlung aufbereitet. Wir sind nicht überrascht, dass der frischgebackene Vater verzweifelt zur Mutter schaut, um sie zu fragen, warum das Kind seit Stunden schreit und wieso in 99 % der Fälle ausgerechnet sie das Richtige tut, um es zu beruhigen. Und wir sind stolz darauf, dass endlich eine Frau in Deutschland offiziell das Sagen hat und nicht nur als abendliches Amüsement dem Bundeskanzler zur Seite steht. Und Angela Merkel ist nicht die einzige Frau an der Spitze einer Regierung!

INFO Frauen an der Macht
- Angela Merkel – Bundeskanzlerin der Bundesrepublik Deutschland
- Begum Khaleda Zia – Premierministerin in Bangladesch
- Gloria Arroyo – Staatspräsidentin der Philippinen
- Maria do Carmo Silveria – Premierministerin und Finanzministerin der afrikanischen Zwergstaaten São Tomé und Príncipe, zwei kleine Inseln im Golf von Guinea
- Mary McAleese – Staatspräsidentin der Republik Irland
- Tarja Halonen – finnische Staatspräsidentin
- Helen Clark – Ministerpräsidentin von Neuseeland
- Luisa Dias Diogo – Premierministerin des afrikanischen Staates Mosambik

Umso wichtiger erscheint es, dass wir uns unserer kommunikativen Fähigkeiten bewusst werden und diese vor allen Dingen sowohl im Büro wie auch im Kinderzimmer sinnvoll und effizient einsetzen. So stellt sich vorab die Frage:

1.2 Was ist Kommunikation?

„Kommunikation" stammt vom lateinischen „communicare"
und bedeutet so viel wie: teilen, mitteilen, teilnehmen
lassen. Wikipedia definiert Kommunikation auf der menschlichen Alltagsebene als ein gemeinschaftliches Handeln,
in dem Gedanken, Ideen, Wissen, Erkenntnisse, Erlebnisse
(mit-)geteilt werden und auch neu entstehen. Kommunikation
in diesem Sinne basiert auf der Verwendung von Zeichen in
Sprache, Gestik, Mimik, Schrift, Bild oder Musik.

Zur Verdeutlichung dieser Definition dient ein einfaches
Kommunikationsmodell, welches auf dem Sender-Empfän-
ger-Prinzip basiert. Hier wird das Zusammenspiel von allen
Elementen besonders gut klar.

Kommunikationsmodell

Der Sender verschlüsselt seine Nachricht, indem er sie in
Worte verpackt und ausspricht. Der Empfänger hört diese
Worte und muss sie nun decodieren. Aufgrund von Gestik,
Mimik, der Beziehungsebene untereinander sowie dem Appell, den der Sender mit der Nachricht bewirken möchte,
entscheidet nun der Empfänger darüber, wie die Nachricht
bei ihm ankommt. Der sachliche Inhalt erhält dadurch automatisch zusätzliche Bedeutungen, die entweder richtig oder
falsch verstanden werden können. Daher ist es wichtig, die
vier Seiten einer Nachricht zu (er-)kennen.

Senden und empfangen: Kommunikation in einer grafischen Darstellung

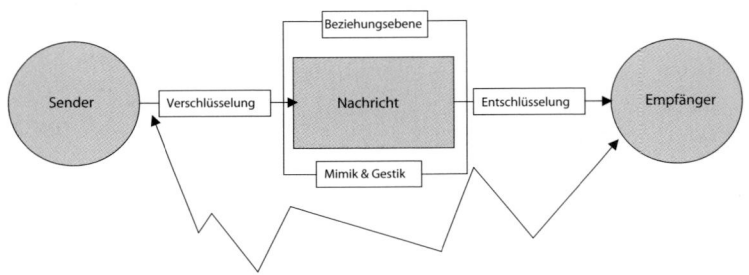

Störungen: Umgebungsgeräusche, eigene Gedanken, Dialekte

INFO Eine Nachricht hat vier Aspekte

1. Sachinhalt: Übermittlung der objektiven Information
2. Selbstkundgabe: Der Sender gibt auch immer etwas über sich selbst preis.
3. Beziehungsseite: Hier wird deutlich, wie Sender und Empfänger zueinander stehen. Was halten sie voneinander?
4. Appell: Beeinflusst den Empfänger und soll etwas bewirken.

Wie abhängig diese vier Aspekte voneinander sind, erleben wir selbst tagtäglich. Hier ein Beispiel:

Die Frau betrachtet die Wände und grübelt ein wenig. Dann sagt sie zu ihrem Mann: „Die Wände könnten wir auch mal wieder streichen." Er antwortet patzig: „Ich bin nicht dein Arbeitstier, hol dir doch einen Maler."

Was ist hier passiert?!

Sehen wir uns die verschiedenen Ebenen kurz an.

Ansicht der Frau:

1. Sachinhalt: Die Wände könnten wir auch mal wieder streichen.
2. Selbstkundgabe: Mir gefallen die Wände nicht mehr.
3. Beziehungsseite: Du kannst das, bist meine starke Hälfte und hilfst mir bestimmt.
4. Appell: Lass sie uns bald gemeinsam streichen.

Ansicht des Mannes:

1. Sachinhalt: Die Wände könnten wir auch mal wieder streichen.
2. Selbstkundgabe: Sie greift mich an und hält mich für faul.
3. Beziehungsaspekt: Sie will, dass ich es mal wieder tue, und hält sich fein raus.
4. Appell: Ich bin nicht dein Arbeitstier, hol dir doch einen Maler.

Ähnliche Missverständnisse sind zu beobachten, wenn sie ihm das neue Kleid präsentiert und er kaum die Chance hat, ihr das richtige Kompliment zu machen. „Dieses Kleid macht dich aber sehr schlank", lobt er. „Aha, du hältst mich sonst also für fett", antwortet sie. Oder nehmen wir seinen Stolz auf das frisch polierte Auto, das sie nicht ausreichend bewundert. Oder die einfache Frage „Wie war's in der Schule?" an den Jugendlichen, der sofort davon ausgeht, dass die Eltern erwarten, er habe etwas angestellt. Die Liste der Beispiele ist lang und lässt sich beliebig ins Arbeitsleben übertragen. Die geradlinige

Feststellung der Vorgesetzten „Sie haben mir den abgetippten Brief noch nicht gegeben" enthält wahrscheinlich lediglich diese sachliche Information mit dem Appell, diesen Brief zu erledigen. Viele Angestellte werden die Aussage oft zeitgleich als Kritik werten und dem Gesagten dadurch eine ganz andere Bedeutung zuweisen.

MERKE Um dennoch Missverständnisse zu vermeiden, sollten wir grundsätzlich erst mal davon ausgehen, dass unser Gegenüber uns nichts Böses will. Dass eine Nachricht keinen Angriff, sondern einen Informationsaustausch bedeutet. Dass die Hintergründe vorwiegend positiv statt negativ sind.

So einfach es sich anhören mag, so schwierig ist es häufig in der Realität. Stets vermuten wir Kritik oder stellen unser Licht automatisch unter den Scheffel. Wir verkleinern unsere Erfolge und weisen oft selbst sogar auf Mängel hin. Auf das Lob: „Das Viergänge-Menü schmeckt hervorragend und war bestimmt sehr aufwendig" wird oft geantwortet: „Ach, das ging doch ganz schnell und ist nichts Besonderes", obwohl stundenlange Rezeptrecherche und ein unglaublicher Aufwand nötig waren, um diese Schmankerl zu zaubern. Stehen Sie zu Ihren Leistungen und Erfolgen. Antworten Sie offen und ehrlich. Dies wirkt nämlich authentisch und nicht überheblich.

1.3 Vorstellungs- und Wiedereinstiegsgespräche

Besonders bei Vorstellungs- und Wiedereinstiegsgesprächen am Ende der Elternzeit ist es wichtig, Ihre Stärken klar herauszustellen, Leistungen und Erfolge hervorzuheben und vermeintliche Schwächen durch Lösungsvorschläge zum Positiven zu wenden. Gehen Sie nicht einfach davon aus, dass Ihr Arbeitgeber Sie problemlos wieder auf Ihre alte Position setzt. Zwar sind die Unternehmen verpflichtet, Sie wieder einzustellen, wenn Sie dies angekündigt haben oder die Elternzeit ausläuft, doch die Begleitumstände können sich ändern. Dies geschieht vor allem meist dann, wenn Sie nicht Vollzeit arbeiten können oder wollen. Eine zielgerichtete Vorbereitung auf das Gespräch ist somit unerlässlich. Unterlagen über Weiterbildungen in der Elternzeit sollten genauso vollständig vorliegen wie eine ausführliche Argumentationsliste. Wie lange wird Ihr Kind untergebracht? Was passiert im Krankheitsfall und in Ferienzeiten? Besteht die Möglichkeit, auch zu Hause Aufgaben abzuarbeiten? Wie stellen Sie sich die Zeiteinteilung vor? Warum ist das nicht nur für Sie, sondern auch für Ihren Arbeitgeber von Vorteil? Wenn Sie unsicher sind, lohnt es sich, ein solches Gespräch vorab mit dem Partner oder der besten Freundin zu üben. Häufig bieten VHS und private Anbieter kurze Seminare zum Wiedereinstieg in das Berufsleben an. Beschäftigen Sie sich mit dem Thema und bereiten Sie sich intensiv darauf vor. Dann lassen Sie sich von Vorgesetzten nicht irritieren.

Sie haben etwas zu bieten – zeigen Sie es!

Leider zeigen wir unsere Vorteile viel zu selten. Wir drücken uns nicht klar aus, weil wir es von den anderen auch nicht erwarten. Denn häufig interpretieren wir Frauen mehr in die Aussagen anderer hinein, als diese überhaupt sagen wollen. Wir lesen zwischen den Zeilen und können oft nicht glauben, dass sich dort gelegentlich gar nichts Lesenswertes findet. Besonders im Umgang mit Männern wollen wir Frauen beständig nicht wahrhaben, dass sie es so meinen, wie sie es sagen. Ohne Interpretationsspielraum, gerade heraus und sozusagen wortwörtlich. Und wieder denken wir, die Männer seien vom Mars und Frauen von der Venus, und zücken begeistert neue Buchkreationen wie beispielsweise das Wörterbuch „Frau-Mann, Mann-Frau". Hilfe ist dort jedoch nicht zu erwarten und so zweifeln wir erneut an unseren eigenen Fähigkeiten. Doch ich kann Sie beruhigen! Auch wenn eifrig behauptet wird, Männer und Frauen könnten sich nie richtig verstehen, so beweisen wir oft genug, dass wir doch dazu imstande sind. Schon die Tatsache, dass wir gute Zuhörer sind, mehrere Dinge zeitgleich erledigen können, befähigt uns, nicht nur einzelne Worte und deren Inhalt, sondern auch die zusätzlichen gesandten Informationen aufzunehmen und zu verarbeiten. Wir hören den gestressten Unterton des Mannes und können spontan entscheiden, ob weitere Fragen in jenem Moment sinnvoll oder kontraproduktiv sind. Wir erkennen an der Tonlage des Babygebrülls, ob Junior Hunger hat, Nähe braucht oder einfach nur eine frische Windel benötigt. Dennoch geschieht es immer wieder, dass wir unser Gegenüber missverstehen oder fehlinterpretieren. Dabei sind es oft nur Kleinigkeiten, die uns vom verständlichen Umgang miteinander abhalten.

1.4 Kommunikationsfehler

INFO Mögliche Fehlerquellen gibt es in der Kommunikation viele, denn
gedacht ist nicht gesagt...
gesagt ist nicht gehört...
gehört ist nicht verstanden...
verstanden ist nicht gewollt...
gewollt ist nicht gekonnt...

Zusätzlich haben Unsicherheiten und Fehler in der Kommunikation oft eine der folgenden Ursachen:
- Der Empfänger war nicht bereit dafür, eine Nachricht zu empfangen (fehlendes Interesse, hört nicht zu)
- Das Umfeld lenkt ab (Geräuschpegel, laufender Fernseher, Menschenmengen)
- Verschiedene Sprachen (Fremdsprachen, Dialekte, Fachausdrücke)
- Nicht zum Wort passende Mimik und Gestik
- Unklare Wortwahl, ungenügendes Zuhören

Schaut man sich die Liste möglicher Fehlerquellen an, ist es verwunderlich, dass wir uns überhaupt verstehen!
Wird man sich dessen bewusst, können solche Irrtümer und Missverständnisse mit ein bisschen Routine vermieden werden. Durch die unablässige Übung werden Sie erfolgsfördernde Eigenschaften verinnerlichen und das Miteinander vereinfachen. Unser Ziel sollte es also sein, unsere eigenen

Unsicherheiten zu überwinden und folgende Tipps im täglichen Umgang mit unseren Mitmenschen anzuwenden.

INFO So vermeiden Sie Kommunikationsfehler

– Hören Sie stets aufmerksam zu. Wie das funktioniert, lesen Sie weiter unten.
– Sehen Sie den Gesprächspartner an. Achten Sie dabei auf Mimik und Gestik.
– Legen Sie den Stift beiseite, schalten Sie den Fernseher aus und meiden Sie sonstige Störungen bei einem ernsthaften Gespräch.
– Machen Sie Pausen beim Sprechen und fragen Sie bei Bedarf nach, um sicherzugehen, dass Ihr Gegenüber Sie auch richtig verstanden hat.
– Legen Sie nicht jedes Wort auf die Goldwaage!

Die meisten Fehler vermeiden wir automatisch, wenn wir versuchen, uns in den Gesprächspartner hineinzuversetzen. Wenn man die Schwingungen aufnimmt und die Hintergründe versteht.

1.5 Einfühlungsvermögen/Empathie

„Wenn es ein Geheimnis des Erfolgs gibt, so ist es das, den Standpunkt des anderen zu verstehen und die Dinge mit seinen Augen zu sehen."

—————— *Henry Ford*

Um auf kommunikativer Ebene erfolgreich zu sein, setzen Frauen auf herausragende Art und Weise ihre Empathie ein. Empathie ist heute eine der wichtigsten Schlüsselqualifikationen, der sogenannten Soft Skills. Gemeint ist damit ein hohes Maß an Einfühlungsvermögen gegenüber Dritten. Dies bedeutet, sich in die Gefühle und Gedanken des Anderen hineinversetzen zu können und dessen Hintergründe zu begreifen. Seine eigene Einstellung auszublenden, um die des Anderen zu verstehen. Dabei geht es auch um Wünsche, Sorgen und Erwartungen, die es zu erkennen gilt. Erst dadurch ist man aus Sicht der Gesellschaft „sozial kompetent" oder auch umgangsprachlich ein sympathischer Mensch und guter Zuhörer. Diese Eigenschaften sind sowohl im Beruf als auch im Privatleben notwendig.

Mit einer guten Portion Einfühlungsvermögen machen Sie die besten Geschäfte. Nämlich dann, wenn Sie das Bedürfnis des Kunden erkennen und befriedigen. Sie verkaufen dann nicht mehr Ihr Produkt oder eine Dienstleistung, sondern die Lösung eines Problems. Eines Problems, das Ihnen der Kunde geschildert hat.

Empathie trägt gleichzeitig zu einem harmonischen Familienleben bei, vor allem, solange sich Kinder noch nicht konkret äußern können. Das Wiedererkennen der Bedürfnisse in anderen sowie die Fähigkeit, sich in das Gegenüber hineinversetzen zu können, sind in familiären Beziehungen unabdingbar.

Nun drängt sich die Frage auf, wie man die eigene Empathie steigern kann und seine sozialen Kompetenzen somit verbessert. Vorab eine gute Nachricht: Wir Frauen sind Empathie-

Genies, unser Einfühlungsvermögen scheint bereits in den Genen zu liegen. Denn Empathie wird zumeist in Verbindung mit dem richtigen Zuhören angeführt. Nicht umsonst können wir stundenlang mit der besten Freundin telefonieren, den Geschäftsbericht des Ehemannes trotz Beaufsichtigung von vier Kindern auf dem Abenteuerspielplatz wortwörtlich wiedergeben. Springen beim Ratsch unter Frauen von einem Thema zum anderen, ohne dabei den roten Faden zu verlieren, auch wenn seit Beginn des Gespräches bereits vier Stunden vergangen sind. Doch wie funktioniert denn nun dieses richtige Zuhören?

1.6 Zuhören

INFO Man unterscheidet vier verschiedene Arten des Zuhörens:

1. das Pseudo-Zuhören oder auch „Ich verstehe"-Zuhören
2. aufnehmendes Zuhören
3. umschreibendes Zuhören
4. und aktives Zuhören.

Pseudo-Zuhören:

Wie der Name schon sagt, handelt es sich bei dieser Art des Zuhörens nicht um Zuhören im eigentlichen Sinne. Der Zuhörer nimmt inhaltlich und emotional nur sehr wenig auf und gibt als Signal Floskeln wie beispielsweise „Ich verstehe" und ein dazugehöriges Kopfnicken ab. Dies geschieht häufig, wenn es unhöflich wäre, den Sprecher zu unterbrechen, und der Zuhörer eigentlich darauf wartet, selbst zu Wort zu kommen. Hier findet kein Wissensaustausch statt, vom Erkennen von Wünschen und Bedürfnissen kann nicht die Rede sein.

Aufnehmendes Zuhören:

Ein wichtiger Aspekt ist hier der direkte Kontakt. Die Gesprächspartner schauen sich während ihrer Unterhaltung in die Augen und stellen dadurch eine Bindung zur Verständigung her. Wird der Augenkontakt unterbrochen, so können verbale Zustimmungen wie beispielsweise „mmhh" und „ach" die Verbindung halten. Ein weiterer Gesichtspunkt des aufnehmenden Zuhörens ist bewusstes Schweigen. Man stellt eigene Argumente zurück, unterbricht den Sprecher nicht und hört aktiv zu.

Umschreibendes Zuhören:

Auch hier ist aktives Schweigen wichtig, um nicht nur richtig zu verstehen, sondern den Sachinhalt des Gesagten in eigenen Worten wiedergeben zu können. An passender Stelle eine geschickt gestellte Frage oder die Wiedergabe des bisher Gesagten signalisiert gutes Zuhören sowie das bisherige Verständnis. Ab diesem Level kann man Missverständnisse direkt aufdecken und klarstellen.

Aktives Zuhören:

Dies ist die professionellste Art und Weise des Zuhörens. Hier kommen alle Aspekte zusammen: aktives Schweigen, Zurückstellen der eigenen Meinung, Augenkontakt und Wiedergabe in eigenen Worten. Doch die Beschreibung der Inhalte umfasst nun nicht mehr nur die sachliche Ebene, sondern auch die mitschwingenden Gefühle des Redners. Das Verständnis ist umfassender und weitreichender als auf allen anderen Ebenen.

Sie erahnen wohl schon, dass nur das aktive Zuhören Ihre eigene Empathie stärken und die Beziehungen positiv beeinflussen kann.

MERKE **Um besser zuzuhören, helfen vier einfache Tipps:**

1. Unterbrechen Sie andere Aktivitäten. Zuhören und Briefeschreiben, Zuhören und Fernsehen, Zuhören und Aktensortieren funktioniert nicht gut.
2. Achten Sie auf Augenkontakt. Schauen Sie Ihren Gesprächspartner an und Sie werden feststellen: Er sagt mehr als nur Worte.
3. Hören Sie aktiv zu, indem Sie auf das Gesagte reagieren und dem Redner Ihre volle Aufmerksamkeit schenken.
4. Fragen Sie nach. Gehen Sie auf separate Punkte ein, erkundigen Sie sich, wenn Sie Einzelheiten nicht verstanden haben.

Wiederholen Sie das Gesagte in Ihren eigenen Worten. Missverständnisse werden spätestens hier aufgedeckt. Zusätzlich lohnt es sich, der Körpersprache des Gegenübers zu lauschen. Warum dies so wertvoll ist, zeigt Ihnen die 7-38-55-Regel.

7-38-55

Erschrecken Sie nicht. Hierbei handelt es sich nicht um die neuen Traummaße, die uns Frauen auferlegt werden. Heidi Klum verdeutlicht nicht, dass man nach 7 Kindern noch Kleidergröße 38 tragen kann, um 55 Millionen als Supermodel zu verdienen. Nein, diese Zahlenfolge skizziert die Ergebnisse der wissenschaftlichen Studie „Silent Message" von Prof. Albert Mehrabian aus den USA. Er veröffentlichte 1971 die Ergebnisse seiner Untersuchungen, die belegen, dass die Wirkungsfaktoren in der Kommunikation von drei wesentlichen Bestandteilen abhängig sind:

Stimme, Körperhaltung und dem Inhalt des Gesagten.

Nun mag man meinen, die prozentuale Aufteilung würde sich mit 7 % auf die Stimme, 38 % auf die Körperhaltung sowie 55 % auf den Inhalt des Gesprochenen verteilen. Durch die intensive Verwendung von Power-Point-Präsentationen, das sture Ablesen der Folieninhalte sowie die langweiligen Redner in Wirtschaft und Politik könnten wir uns in dieser Einschätzung bestätigt fühlen. Dennoch besagt die Studie das Gegenteil:

Die Mehrabian-Studie

Mehrabian-Studie von 1971
 7 % Inhalt
38 % Stimme sowie
55 % Körpersprache

Inhalt
7 %

Stimme
38 %

Körpersprache
55 %

Auch wenn weitere Studien im Ergebnis geringfügig davon abweichen, so zeichnet sich die Tendenz auch dort klar ab.

Inhalt:

Der Inhalt sollte in sich schlüssig, fehlerfrei und klar verständlich sein. 7 % sind weder zu unterschätzen noch wie gewohnt zu hoch zu bewerten. Sorgen Sie also für kurze und prägnante Sätze, sprechen Sie bildlich und ohne Fachjargon (das können gegenüber einem Kind bereits Ironie, Umgangssprache, Bauernregeln und leichte Fremdwörter sein).

Stimme:

Ihre Stimme setzt sich aus dem Sprechtempo, dem Stimmklang sowie Ihrer Artikulation zusammen. Sprechen Sie also nicht zu schnell, sondern langsam, klar und deutlich. Die passenden Worte haben Sie bereits im inhaltlichen Teil dafür bereitgelegt. Studien zeigen, dass Frauen, die mit Männern in tiefer Stimmlage sprechen, ernster genommen werden und leichter ihre beruflichen Vorsätze erreichen. Im Gegensatz dazu wird im privaten Umfeld oft der hohe und leicht verletzliche Ton gewählt, um den Beschützerinstinkt zu wecken und so zum Ziel zu gelangen. Die Betonung der einzelnen Wörter kann dem Gesagten zusätzlichen Schwung verleihen und die Aufmerksamkeit der Zuhörer auf die wesentlichen Inhalte fokussieren.

Körpersprache:

Die Körpersprache ist mit 55 % der wichtigste Aspekt der Kommunikation und gleichzeitig der vielseitigste. So spielen

Gestik, Mimik und der Augenkontakt neben der Haltung von Kopf, Rücken, Schultern, Händen sowie Beinen und Füßen eine herausragende Rolle. Auf den ersten Blick erscheint es unmöglich, alle Gesichtspunkte auf einmal zu berücksichtigen und sich genauso zu geben wie beabsichtigt. Doch verzweifeln Sie nicht. Oft zieht eine bewusste Handlung automatisch eine zweite nach sich. So werden Sie den Blickkontakt mit dem Gegenüber nur richtig herstellen können, wenn Sie Ihren Kopf heben und nicht dem Boden zuwenden, um ihn bildlich in den Sand zu stecken. Ein angehobener Kopf veranlasst uns im Gespräch, auch unseren Rücken ein wenig mehr zu strecken. Nun noch kurz dran gedacht, und schon ist die selbstbewusste und Erfolg versprechende Körperhaltung eingenommen.

Frauen neigen dazu, sich klein und unsichtbar zu machen. Stehen mit überkreuzten Beinen auf der Bühne, verschränken dazu die Arme und nehmen so wenig Platz wie möglich ein. Um erfolgreich zu sein, müssen Sie jedoch Raum ergreifen, Wirkung erzeugen und sichtbar werden. Sie haben etwas Wichtiges zu sagen! Ja, auch wenn es Ihrer Meinung nach nur um Ihren Standpunkt geht, den Sie vertreten. Stellen Sie sich gerade hin, Beine fest auf den Boden, ein wenig auseinander, und holen Sie tief Luft. Tippeln Sie nicht von einem Fuß auf den anderen. Gehen Sie nun zur bewusst gewählten Stimmlage über und sagen Sie kurz, präzise und mit Begeisterung, was Sie vermitteln wollen. Probieren Sie es aus, Sie werden erstaunt sein über die positive Resonanz.

Und auch im Kinderzimmer wird sichtbar, wie wichtig eine schlüssige Kombination aus Stimme, Inhalt und Körpersprache ist. Lobt man ein Kind, kommt der Inhalt nur an, wenn die Körpersprache und die Stimme die positive Aussage unterstützen. Sagt man das Lob flapsig in den Raum, wird es demotivieren und nicht aufbauend wirken. Denkt man besonders an das erste Lebensjahr, wird deutlich, welchen Stellenwert der Inhalt des Gesagten hat: meist keinen! Kinder reagieren in dieser Zeit hauptsächlich auf die Intonation, Sprechlautstärke und die dazugehörige Körpersprache.

> *„Der Körper ist der Übersetzer der Seele ins Sichtbare."*
> ——— *Christian Morgenstern*

1.7 Top Tipps für das Kinderzimmer

— Säuglinge reagieren am Anfang besonders auf die aus dem Mutterleib bekannte Stimme der Mutter. Nicht das **was,** sondern das **wie** ist hier entscheidend.

— Später, wenn Ihr Kind klar sehen kann, gesellt sich die Mimik und Gestik dazu. Der Säugling erkennt dadurch, ob die Person positiv oder negativ ihm gegenüber eingestellt ist.

— Um Kinder besser zu verstehen, sollten Sie sich in ihre Lage versetzen. Könnte etwas unangenehm sein, sie beängstigen, ihnen besondere Freude bereiten? Bedürfnisse lassen sich durch diese Methode leichter erkennen.

— Stellen Sie Kontakt zum Kind her. Gehen Sie in die Knie, schauen Sie ihm in die Augen. Legen Sie beispielsweise Ihre Hand auf seinen Arm, um eine körperliche Verbindung herzustellen.

– Formulieren Sie positiv. „Nicht" in einem Satz geht bei Kindern oft unter. So wird aus dem Satz „Sei nicht so laut" = „Sei so laut". Besser ist also die klare Aufgabe „Bitte sei leise".

– Bedenken Sie, dass Ihre Kinder besonders in den ersten Lebensjahren ein Spiegel Ihres Selbst sind. Werden die Kinder oft laut und ungeduldig, müssen Sie Ihr eigenes Verhalten überprüfen. Hören sie nicht zu oder sind leicht abgelenkt, versuchen Sie demnächst Ihrem Nachwuchs mehr Aufmerksamkeit zu schenken. Beobachten Sie Ihren Nachwuchs und nehmen Sie das, was Sie sehen, ernst. So werden Sie und die Kinder davon profitieren und sich das Leben erleichtern.

– Wer Kinder anschreit, kann die kleinen Kinderseelen leicht verletzen. Dass man hin und wieder die Stimme erhebt, ist nachvollziehbar. Stellen Sie sich jedoch bei jedem Wutanfall vor, eine Kamera würde Sie filmen, oder laufen Sie vor den Spiegel. Jetzt wird deutlich, wie verletzend und beängstigend die eigene Mimik und Gestik für das kleine Wesen sein muss, wenn wir es überragen und mit verzerrtem Gesicht anbrüllen. Verlassen Sie lieber den Raum, sammeln Sie sich und Ihre Kräfte und formulieren Sie dann klar und deutlich Ihr Anliegen. Nutzen Sie wie oben bereits erwähnt zusätzlich körperlichen Kontakt, um die Bedeutung der Worte zu untermauern.

1.8 Top Tipps für den Beruf

Inhalt

— Machen Sie sich bereits vor dem Reden klar, was Ihre Kernaussage ist.

— Suchen Sie die schlagkräftigsten Argumente und versuchen Sie diese anschaulich darzustellen.

— Verbannen Sie die Ausdrücke „eigentlich", „ziemlich", „halt einfach", „würde" aus Ihrem Sprachgebrauch.

— Klarheit: einfache und kurze Sätze, wenig Fremdwörter, bildhafte Sprache.

— Roter Faden: Gliedern Sie den Inhalt Ihrer Aussage (besonders dann, wenn mehrere Sätze und Nachrichten vermittelt werden sollen). Nehmen Sie Eva Herman mit dem fatalen Schachtelsatz als Negativbeispiel und verstricken Sie sich nicht selbst in prekäre Aussagen.

— Feilen Sie nicht tagelang an Ihrer Präsentation, um den Inhalt von 98 % Perfektion auf 100 % zu bringen. Investieren Sie Ihre Zeit in die Vorbereitung der anderen 93 % Wirkung.

— Digitale Kommunikation (E-Mail) hat in den letzten Jahren die Emoticons (Satzzeichen, die einen Smiley in allen Varianten bilden) entstehen lassen. Ich rate Ihnen von der Verwendung dieser Zeichen ab. Wenn der Empfänger Ihrer Nachricht die Ironie, den Witz, die Herzlichkeit oder Ihre Traurigkeit ausschließlich aus dem Smiley ableiten kann, empfehle ich Ihnen nur eins: Schreiben Sie Ihren Text um, so dass ihn der Empfänger unmissverständlich versteht. Das ist nicht möglich? Dann rufen Sie an und erklären Sie ausführlich, was Sie meinen. Sollten Sie auf den Einsatz von Emoticons nicht verzichten wollen, benutzen Sie sie wenigstens nur noch zu privaten Zwecken, nie in beruflichen E-Mails. Ihr Chef und Ihre Kunden werden es Ihnen danken.

Stimme:

— Kontrollieren Sie Ihre Atmung. Nur wer gut Luft holt, verleiht der Stimme Kraft und Wohlklang.

— Achten Sie auf Ihre Tonlage. Frauen neigen bei Nervosität dazu, sehr hoch zu sprechen. Eine tiefe und volle Stimme überzeugt jedoch mehr.

— Nutzen Sie die Sinne: Eine monotone Stimme schläfert ein, eine anregende Betonung hilft, die Aufmerksamkeit aufrechtzuerhalten.

— Legen Sie vor allen Dingen eine gute Portion Begeisterung in Ihre Stimme (nur wenn etwas in Ihnen brennt, können Sie bei anderen die Flamme entfachen)!

Körperhaltung:

— Stehen oder sitzen Sie aufrecht. Das vermittelt Selbstbewusstsein und Aufrichtigkeit. Achten Sie jedoch auf eine lockere, entspannte Haltung, um nicht überheblich zu wirken.

— Halten Sie Blickkontakt mit Ihrem Gesprächspartner.

— Lächeln Sie freundlich, wenn die Situation es erlaubt, aber stehen Sie auch „Ihren Mann", wenn es nötig ist.

— Stehen Sie mit beiden Beinen fest auf dem Boden und sichern Sie Ihren Stand. So kann Sie weder verbal noch körperlich jemand umwerfen.

– Machen Sie den Brustkorb frei: Verschränkte Arme verschwinden davor, der Rücken streckt sich und die Lungen bekommen wieder Luft zum Atmen. Das bringt den Sauerstoff zum Gehirn und verleiht Ihrer Stimme mehr Kraft.

Achten Sie aber auch auf Ihre Kleidung und Ihr Parfum. Ein aufdringlicher Duft kann einen guten Eindruck schon im Keim ersticken. Ein ungepflegtes Äußeres lenkt von der Qualität Ihrer Präsentation ab. Gerade im Beruf ist der Bruchteil einer Sekunde für den ersten Eindruck entscheidend. Denn auch hier gilt:

Der erste Eindruck ist der entscheidende,
und der Letzte ist der, der bleibt.

1.9 Top Tipps für alle Bereiche

– Loben Sie – und zwar ehrlich! Egal ob Kind oder Mitarbeiter, ob Nachbar oder Partner, jeder fühlt sich durch ein Lob bestärkt und motiviert. Suchen Sie sich einzelne Momente aus, die Sie besonders positiv hervorheben können.
– Versetzen Sie sich in die Lage der anderen. Empathie erleichtert die Kommunikation und öffnet Sie für andere Sichtweisen.
– Achten Sie darauf, dass bereits ein Augenaufschlag, eine Handbewegung und sogar nichts zu sagen eine Botschaft vermittelt.

„Sie können nicht nicht kommunizieren!"

Paul Watzlawik

2 Erfolg durch Takt & Stil

„Was Hänschen nicht lernt, lernt Hans nimmermehr."

——————— *Volksmund*

2.1 Frauen geben den Takt an

Ein sicheres Auftreten und eine natürliche Souveränität sind für Sie sowie für die Zukunft Ihrer Kinder genauso bedeutend wie eine gute Bildung und ein krisenfestes Einkommen. Sich auf dem glatten Gesellschaftsparkett mit Stil und Taktgefühl zu bewegen, ist jedoch oft leichter gesagt als getan. Aus diesem Grund zeige ich Ihnen in diesem Kapitel einfache Regeln des stilvollen Verhaltens im Beruf sowie leicht umsetzbare Gewohnheiten und Rituale für die Familie auf, mit denen bereits kleine Kinder gutes Benehmen spielerisch erlernen.

Frauen wissen nur zu gut, wie wichtig taktvolles Benehmen und stilvolles Verhalten sind. Nicht ohne Grund übernehmen sie häufig die Aufgabe, unseren Kindern Grundregeln des Umganges miteinander beizubringen. Doch Männer aufgepasst: Die Vermittlung von Wissen ist bei Kindern hauptsächlich durch Vorbildverhalten geprägt. Beide Elternteile müssen sich selbst an die aufgestellten Regeln halten, sie in ihrem täglichen Tun und Handeln widerspiegeln und ihre Kinder unterstützen.

2.2 Kinder-Knigge

Es ist nicht immer leicht, die richtige Mischung zwischen einem strengen Reglement und saloppen Laisser-faire zu finden, um Kindern ein gewisses Maß an Taktgefühl, Stil und Anstand mit auf den Weg zu geben. Dabei scheint das Bedürfnis nach Wertvermittlung und klarer Orientierung in unserer Gesellschaft immer größer zu werden.

So zeigen die Ergebnisse der Allensbach-Studie 2007,
– dass 91 % der Befragten der Meinung sind, dass Eltern ihren Kindern Vorbilder sein und ihnen in bestimmten Situationen klare Verhaltensregeln vorgeben sollen (82 %),
– dass zwei Drittel Wert darauf legen, dass bereits im Kindergarten auf die Vermittlung von Werten geachtet wird (65 %),
– dass Kinder häufig nicht erkennen, was richtig und was falsch ist, (64 %) und überhaupt keine klaren Regeln und Vorgaben kennen (60 %).

Besonders hoch geschätzt werden laut Umfrage folgende Werte:

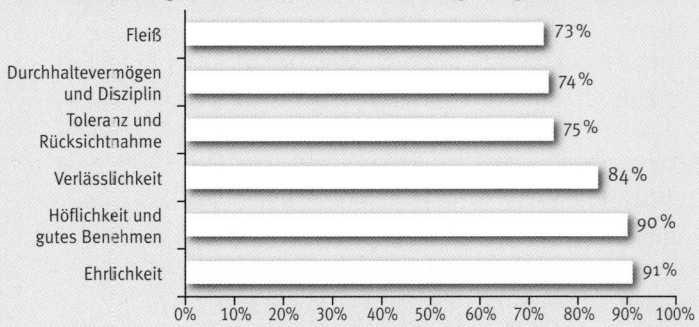

Fleiß	73 %
Durchhaltevermögen und Disziplin	74 %
Toleranz und Rücksichtnahme	75 %
Verlässlichkeit	84 %
Höflichkeit und gutes Benehmen	90 %
Ehrlichkeit	91 %

0% 10% 20% 30% 40% 50% 60% 70% 80% 90% 100%

Ehrlichkeit, Höflichkeit, Verlässlichkeit: die wichtigsten Tugenden laut Allensbacher Marktforschungsinstitut.

Diese Ergebnisse machen deutlich, wie wichtig es ist, bereits im Kleinkindalter den Grundstein für soziale Kompetenz zu legen.

Welche Werte möchten Sie vermitteln?

Bevor Sie aktiv werden, sollten Sie sich auf jeden Fall vorab Gedanken darüber machen, welche Werte Sie selbst hochhalten und was Sie vermitteln möchten. Was haben Ihnen Ihre Eltern mit auf den Weg geben, was vermissen Sie, was ist Ihnen wichtig? Nicht alles aus der Vergangenheit wird auch in der heutigen Gesellschaft umsetzbar sein, denn auch im Bereich Takt & Stil hat sich in den letzten Jahrzehnten einiges verändert. So dürfen Kinder (Gott sei Dank) sprechen, ohne vorab aufgefordert werden zu müssen, haben mehr Rechte erhalten und dürfen diese auch verteidigen. Mädchen müssen nicht mehr knicksen, können sich aussuchen, ob sie mit Puppen oder Autos spielen, ohne Rücksicht auf geschlechtsspezifisches Spielzeug. Unterschiede im Verhalten gegenüber Mädchen und Jungen bestehen vielfach nicht mehr. So helfen sowohl Mädchen wie Jungen im Haushalt mit, machen den Sitz für ältere Mitmenschen im Bus frei, halten anderen die Tür auf und können die gleichen Berufe erlernen.

ÜBUNG Überlegen Sie also genau, was Ihnen wichtig ist, setzen Sie sich mit Ihrem Partner zusammen und notieren Sie Ihre Werte. Machen Sie sich eine Liste und überlegen Sie, wie Sie diese Werte vermitteln können (siehe auch weiter unten im Text). Machen Sie einen genauen Plan, verlassen Sie sich nicht darauf, dass alles schon irgendwie laufen wird. Seien Sie dabei so konkret wie möglich.

Tun Sie dies unabhängig vom Alter Ihrer Kinder, denn oft unterschätzt man die Kleinen.

Schon Vierjährige können Folgendes lernen:
- Nicht mit Essen zu spielen, die Mühe der Köchin/des Kochs zu würdigen und Essen nicht zu verschwenden.
- Sich vor dem Essen und nach dem Toilettengang die Hände zu waschen und einige Grundregeln der Hygiene zu beachten.
- Höflichkeitsformen, wie beispielsweise „Bitte", „Danke", „Entschuldigung" sagen, die Hand vor den Mund halten beim Husten, ein freundlicher Gruß, eine nette Verabschiedung, sollten in dem Alter bereits selbstverständlich sein.
- Achtung und Respekt vor Mitmenschen, Tieren, Pflanzen sowie dem Eigentum anderer sollten Sie als Wert auf jeden Fall auf Ihrer Liste stehen haben und frühzeitig vermitteln. Damit verbunden sind: nicht zu verletzen, nichts wegzunehmen, sorgsamer Umgang mit Tieren und Pflanzen.
- Auch Ehrlichkeit kann in diesem Alter bereits als Grundstein gesetzt werden, auch wenn Kinder immer wieder versucht sind, ihre Phantasie mit der Realität zu vermischen.

Im Grundschulalter von sechs bis zehn Jahren können bereits folgende Regeln gelten:
- Vereinbarungen, die man gemeinsam getroffen hat, werden eingehalten.
- Erkennen, wann Hilfe gefragt ist, und diese auch anbieten.
- Andere ausreden lassen und nicht unterbrechen.
- Selbstständig Aufgaben im Haushalt übernehmen.
- Sich selbstbewusst, aber taktvoll zu Wort melden.
- Die Ansprache „Du" und „Sie" unterscheiden können.
- Toleranter gegenüber andersartigen Menschen zu sein.

— Selbst auf kleine Fehler aufmerksam werden und sich angemessen entschuldigen.

Wertevermittlung an Jugendliche

— Gönnen Sie Jugendlichen ein wenig Freiheit in Kleidung und Frisur, legen Sie aber für besondere Anlässe wie beispielsweise Feiern und Vorstellungsgespräche gesonderte Regeln fest. Wenn Ihnen dies schwerfällt, schauen Sie doch mal die alten Fotoalben durch. Haben wir nicht alle Entgleisungen des äußeren Erscheinungsbildes durch und fanden es damals supermodern und gutaussehend?

— Jugendliche sollten sachlich argumentieren und so ihren eigenen Standpunkt vertreten können. Üben Sie dies in Gesprächen und geben Sie dem Nachwuchs Beispiele und Hilfestellung an die Hand.

— Sprechen Sie auch über die Grundregeln in Sachen Liebe. Auch hier gilt Takt & Stil, Respekt vor dem Willen des anderen sowie das Einhalten von Vereinbarungen und Familienregeln.

— Regeln zum Thema Drogen, auch Alkohol und Rauchen, müssen klar verstanden worden sein und können nun befolgt werden. Hier gilt es, auch das Verhalten gegenüber anderen entsprechend zu steuern und den Willen der anderen zu akzeptieren.

2.3 Wertevermittlung zu Hause

Wir selbst spüren tagtäglich, wie hoch der Bedarf an Werten ist. Die ausführliche Liste hat dies noch einmal sehr deutlich gezeigt. Nun geht es darum, diesen Ansprüchen und Forderungen nach Tugenden gerecht zu werden und als Eltern unseren Kindern diese Umgangsformen beizubringen. Die zum einen leichteste sowie gleichzeitig schwerste Möglichkeit ist:

Seien Sie Vorbild!

Der erste Schritt ist also, dass Sie Ihre Werte selber leben – ja vorleben. Wenn sich alle bemühen und sich danach richten, sind Sie dem Erfolg bereits einen großen Schritt näher gekommen. Bleiben Sie nun am Ball, geben Sie nicht auf, auch wenn Sie immer wieder Rückschläge erleiden. So wie man sich selbst nicht immer daran hält, Schimpfworte zu vermeiden, so werden Ihnen auch im Bereich der anderen Werte hin und wieder Patzer passieren. Geben Sie sich Mühe, strengen Sie sich an. Allein damit beweisen Sie schon Disziplin und Durchhaltevermögen und wirken somit vorbildlich und ermutigend auf andere.

Bedenken Sie, dass Ihr eigenes Verhalten direkt auf Ihre Kinder einwirkt. Selbst wenn Ihr Kleinkind nur für wenige Minuten in die Nachmittagsgruppe des Kindergartens muss, weil Sie sich vermeintlich geringfügige fünf Minuten verspäten, so wird diese Änderung ihm die Unpünktlichkeit deutlicher machen, als Ihnen vielleicht lieb ist. Erklären Sie Ihre Verspätung mit einer Entschuldigung und seien Sie in der kommenden Zeit besonders pünktlich. Dann wird auch Ihr Sprössling (sobald er das ausreichende Zeitverständnis hat) verstehen, wie wichtig Pünktlichkeit ist, und entsprechend zeitig nach Hause kommen.

Wenn Sie nun mit Ihren Kindern kommunizieren und die gewünschten Ziele umsetzen wollen, achten Sie besonders auf positives Formulieren. Ein Lob sowie eine freundliche Wortwahl verstärken die Wirkung Ihrer Worte um ein Vielfaches, vor allem im Vergleich zu harten Forderungen und Tadel.

So vermitteln Sie Werte

— Sie können alle Werte auf ein großes Plakat schreiben, es mit Bildern, Fotos oder Zeichnungen verzieren und für alle gut sichtbar aufhängen. Achten Sie darauf, die neuen Regeln positiv zu formulieren und nicht als Verbote darzustellen. Sie werden feststellen, dass sich bereits das gemeinsame Besprechen, das Einverständnis mit allen Regelungen gleich eine positive Wirkung erzielt.

So sollten Sie Ihrem Kind Werte vermitteln:
— „Bitte halte die Hand beim Husten vor den Mund, damit die anderen nicht krank werden."
— „Bitte lege deine Bücher ordentlich ins Regal. Mami räumt ihre Bücher ebenfalls ordentlich auf, damit sie nicht kaputtgehen und wir noch lange tolle Geschichten lesen können."
— „Teile bitte mit deinen Freunden. Du freust dich doch auch sehr, dass du mit Leons Dreirad fahren darfst."
— „Wenn du freundlich „Grüß Gott" sagst, werden die anderen dich ebenfalls nett begrüßen."

— Begründen Sie Ihre Forderungen. Wenn Ihr Kind versteht, warum es etwas ändern soll, wird es bereit dazu sein. Das bedeutet nicht, dass Sie alles ausdiskutieren müssen! Manchmal hilft nur eine klare und präzise formulierte Ansage. Probieren Sie es aus, nehmen Sie sich die Zeit, um den für Sie richtigen Weg zu finden.

— Arbeiten Sie mit einem Belohnungssystem statt mit Strafen. Sammeln Sie Sternchen statt Strafpunkte. Wenn etwas nicht wie gewünscht verläuft, ersparen Sie Ihrem Kind zumindest die Demütigung vor seinen Freunden oder auch vor Fremden. Nehmen Sie Ihr Kind bei passender Gelegenheit aus der Situation raus und erklären Sie noch einmal Ihre Vorgabe. Wahrscheinlich kommen Sie mit einer neutralen Frage wie „Warum hast Du Tante Ingrid nicht die Hand gegeben. Was hat Dich daran gehindert?" weiter als mit der tadelnden Ansage „Nun grüß endlich Tante Ingrid. Was ist das denn heute für ein schlechtes Benehmen".

— Haben Sie Geduld! Mit Ruhe, Liebe, Respekt und einer gehörigen Portion Gelassenheit werden Sie es schaffen!

— Seien Sie konsequent. Was zu Hause gilt, gilt auch außerhalb, was im Restaurant zählt, zählt auch am heimischen Tisch. Zwar soll das Zuhause ein Zufluchtsort sein, an dem man sich auch ein Stück weit gehen lassen kann, dennoch sollten zum Beispiel Hygieneregeln hier ebenfalls Gültigkeit haben.

— Sprechen Sie offen über Ihre Erziehung, vor allem mit Menschen, die Ihnen dabei behilflich sind. Wenn der Nachwuchs häufig von den Großeltern betreut wird, legen Sie Ihre Wünsche und Werte offen. Legen Sie Spielregeln fest, räumen Sie den anderen aber auch genug Spielraum ein. Nicht jeder muss sich so wie Sie verhalten, Grundwerte sollten aber gleich sein. Auch bei der Einschreibung in einen Kindergarten sollten Sie Ihre Grundsätze mit denen der Einrichtung verglichen haben.

- Spielen Sie! Gutes Benehmen muss nicht bitter ernst vermittelt werden. Im Gegenteil, mit Spaß und Spiel erreichen Sie bei den Jüngsten deutlich mehr.

Ein Beispiel von Elisabeth Bonneau zum Thema Tischregeln erlernen hat mir besonders gut gefallen: „Heute essen wir wie die Gäste im feinen Restaurant." Dazu wird eine weiße Tischdecke aufgelegt, der Tisch gemeinsam samt Serviette hübsch eingedeckt, und vielleicht wird gemeinsam gekocht. Nun übt man stilvolles Speisen, mit Spaß und Genuss. Die weiße Tischdecke wird Ihnen am Schluss zeigen, wie erfolgreich Sie waren. Gerade sitzen, mit dem Essen zum Mund gehen, nicht mit dem Stuhl kippeln, den Kopf nicht auf die Hand stützen, die Hände selbst am Tisch behalten, nicht rülpsen, schmatzen, mit Messer und Gabel essen. All das lässt sich mit Geduld, ein wenig Spielerei und jeder Menge Vorbildfunktion vermitteln.

- Nutzen Sie die Medien für sich, statt gegen sie anzukämpfen. Ist Ihnen zum Beispiel aufgefallen, dass bei allen Folgen von „Bob der Baumeister" die Teamfähigkeit auf besondere Art und Weise herausgearbeitet wird? Dass es tolle Lernprogramme gibt, die junge Menschen begeistern und gleichzeitig sinnvoll sind? Legen Sie Regeln für die Nutzungszeit von Fernsehen und Computer fest und halten Sie diese konsequent ein. Schaffen Sie Ausgleich im Freien mit Bewegung und das Spielen mit Freunden und besprechen

Sie Radio- und Fernsehsendungen und Programme mit Ihren Kindern. Tragen Sie auch im Bereich Medien Verantwortung für Ihre Kinder!

— Erforschen Sie gerade bei jungen Erwachsenen die aktuellen Spielregeln, die in den Jugendgruppen, der Schule und im Umfeld des Jugendlichen gelten. Versuchen Sie diese zu verstehen und mit den eigenen zu vereinbaren.

— Sie können Werte in Form von Aufgaben und Verantwortung übertragen. Wer selbstständig arbeiten darf und dafür auch die Verantwortung übernimmt, stärkt automatisch sein Selbstbewusstsein und Verantwortungsgefühl. Nicht ohne Grund wird die Fürsorge und Pflege von Haustieren häufig in die Hände der Kinder gelegt.

Denken Sie bei der Vermittlung von Aufgaben stets daran:
Wir behalten beim Lernen
20 % von dem, was wir nur hören,
30 % von dem, was wir nur sehen,
50 % aber schon von dem, was wir hören und sehen,
70 % sogar von dem, was wir hören, sehen und reden,
90 % aber von dem, was wir hören, sehen, reden und tun!

2.4 Knigge im Alltag

Nun sind Sie sich Ihrer Werte bewusst und können Ihren Kindern wichtige Umgangsformen mit auf den Lebensweg geben. Doch wie steht es mit den eigenen kleinen Stolperfallen, die uns im täglichen Leben begegnen? Denn selbst wenn man zum gemütlichen Candle-Light-Dinner oder zum ersten Date eingeladen wird, erhöht sich der Pulsschlag, weil die aktuellen Knigge-Regeln nicht bekannt sind. Lesen Sie weiter und umgehen Sie Fettnäpfchen weitgehend.

INFO So vermeiden Sie Fettnäpfchen im Restaurant

- Herren sollten den Damen die Tür öffnen und ihnen aus dem Mantel helfen, wenn nicht bereits der Kellner behilflich ist.
- Das Heranrücken des Stuhls der Dame wird noch immer als sehr höflich empfunden.
- Jeder Gast – auch die Damen – wählen selbst aus der Speisekarte, außer es äußert jemand den Wunsch nach einer Empfehlung.
- Traditionell gibt die Dame ihren Wunsch an den Herrn weiter, der dann beim Ober bestellt. Doch das eigene Bestellen, gerade in größerer Runde, ist heutzutage durchaus salonfähig.
- Halten Sie sich an das Rauchverbot!
- Wenn Sie als Gastgeber ins Restaurant eingeladen haben, sollten Sie die Rechnung abseits des Tisches begleichen.
- Die meisten Frauen stehen heute mit beiden Beinen fest im Berufsleben. Da ist es selbstverständlich völlig richtig, dass auch das weibliche Geschlecht selbstbewusst nach der Rechnung verlangen kann.
- Haben Speisen und Service Sie überzeugt, so gilt auch heute noch die 10-%-Trinkgeldempfehlung.
- Als Dame lässt sich beim Verlassen des Restaurants in den Mantel helfen und erwartet, dass der Herr ihr wie bereits beim Betreten die Türe öffnet.

2.5 Wertevermittlung im Beruf

Takt und Stil lassen sich leicht auch in den unternehmerischen Alltag und somit in die Abteilungen unserer Firmen übertragen. Denn auch hier zählen Vorbilder, an denen sich die Mitarbeiter orientieren können. Nicht ohne Grund sagt man: „Der Fisch beginnt am Kopf zu stinken." Wenn Sie also Sparsamkeit und Effizienz von Ihren Mitarbeitern verlangen, so sollten kostspielige Ausflüge der Vorstandsetage gestrichen und dafür sinnvolle Investitionen getätigt werden. Ratscht die Vorgesetzte oft privat am Telefon, überschreitet sie regelmäßig die Pausenzeit und ist sie die Erste, die abends das Büro verlässt, so ist von ihren Mitarbeitern kein sinnvolles Zeitmanagement zu erwarten. Denken Sie also daran, auch im Beruf und egal in welcher Position gilt: **Seien Sie ein Vorbild!**

Um nun aber Vorbild sein zu können, müssen Ihnen die Spielregeln bekannt sein. Viele orientieren sich angeblich an dem Regelwerk von Adolf Freiherr von Knigge. Sein berühmtes Werk „Über den Umgang mit Menschen" von 1788 ist als „der Knigge" bekannt geworden und wird stets angeführt, wenn es um Takt & Stil geht. Dass in diesem Buch aber wenig über den Umgang mit Messer und Gabel oder festgelegte Kleiderordnungen geschrieben steht, übersehen hierbei die meisten. Knigge schrieb vielmehr über den achtsamen Umgang miteinander und mit sich selbst. Ich kann an dieser Stelle nur jedem raten, das Original einmal zu lesen. Es ist auch im 21. Jahrhundert durchaus aktuell und beinhaltet weit wichtigere Regeln als die Folge von Bestecken im Nobelrestaurant – anders als viele zeitgenössische „Benimm"-Bücher, die den Namen „Knigge" im Titel führen.

Hier ein lehrreicher Auszug aus „Adolf Freiherr – Knigge – Über den Umgang mit Menschen": „Gehe von niemandem und laß niemand von dir, ohne ihm etwas Lehrreiches oder etwas Verbindliches gesagt und mit auf den Weg gegeben zu haben; aber beides auf eine Art, die ihm wohltue und nicht studiert scheine, daß er fühle, du nehmest Interesse an seiner Person, es gehe dir von Herzen, du verkaufest nicht bloß deine Höflichkeitsware ohne Unterschied jedem Vorübergehenden: man verstehe mich also recht! ... Erzähle nicht leicht Anekdoten, besonders nie solche, die irgend jemand in ein nachteiliges Licht setzen, auf bloßes Hörensagen. Sehr oft sind sie gar nicht auf Wahrheit gegründet oder schon durch so viele Hände gegangen, dass sie wenigstens vergrößert, verstümmelt wurden und dadurch eine wesentliche andere Gestalt bekommen hat. ... Hast du einen treuen Freund gefunden, so bewahre ihn auch. Halte ihn in Ehren, auch dann, wenn das Glück dich plötzlich über ihn erhebt, auch da, wo dein Freund nicht glänzt, wo deine Verbindung mit ihm durch die Stimme des Volkes nicht gerechtfertigt zu werden scheint. Schäme dich nie deines ärmeren, weniger hochgeschätzten Freundes. Beneide nicht den dir vorgezogenen Freund ..."

Sind solche Ratschläge, seien sie noch so alt, nicht wertvoller, als die richtige Reihenfolge von Besteck und Weingläsern zu kennen? Sollten wir uns nicht auch auf unsere moralischen und menschlichen Grundregeln konzentrieren, statt angestrengt darüber nachzudenken, mit welcher Hand wir Visitenkarten übergeben? Wie in vielen Dingen plädiere ich für die goldene Mitte: eine Mischung aus allen Bereichen, die mit Herz, Verstand und Charme in die Tat umgesetzt wird. Für das glatte Geschäftsparkett lohnt es sicher daher, die folgenden Tipps und Ratschläge zu studieren.

Stilvolle Geschäfte – kleiner Business-Knigge

Entschuldigt man sich nun, wenn man niesen muss, oder wartet man darauf, dass einem Gesundheit gewünscht wird? Lasse ich den Damen den Vorrang oder dem Ranghöchsten? Darf ich der neuen Kollegin nun das Du anbieten, auch wenn sie älter ist, oder nicht? Die Benimm-Regeln im Geschäftsbereich passen sich häufig der schnelllebigen Welt an und sind somit einer regelmäßigen Änderung unterzogen. So ist es dann auch selbstverständlich, dass eine Frau im Restaurant bei Geschäftsessen sehr wohl für sich selbst wählen kann, dies dem Ober auch mitteilt und abschließend sogar die Rechnung verlangt. All dies galt früher als unschicklich, wird heute jedoch als „normal" angesehen. Schon allein aus diesem Grund sollten Sie sich bei wichtigen Geschäftsterminen mit besonderen Kunden, vor bedeutenden Abendveranstaltungen oder Geschäftsreisen intensiv vorbereiten, die Eigenheiten der Kunden erforschen und sich bezüglich Takt & Stil auf den aktuellen Stand bringen. Wer ein gutes Elternhaus hatte, in dem wie oben bereits erwähnt von Kindesbeinen an auf ein höfliches Benehmen Wert gelegt wurde, hat auch im späteren beruflichen Leben klare Vorteile. Zusätzlich verleiht es ein selbstsicheres Auftreten im Umgang mit fremden Kulturen und auf Reisen im Ausland.

> **MERKE** Die Umgangsformen im Ausland können sich stark unterscheiden. Vor der Reise sollten Sie sich umfassend über die dortigen Gepflogenheiten informieren und diese dann auch beachten.

Bevor Sie sich nun die Top Tipps durchlesen und beherzigen, denken Sie bitte daran, dass es sich hierbei nicht um stur zu befolgende unverletzliche Regeln, sondern um Empfehlungen handelt. Zwar richtet man sich größtenteils danach, doch sollte man es keinem nachtragen, wenn er die Regeln durchbricht, weil die Situation es erfordert oder es gerade passend erscheint.

Denn auch Toleranz ist ein Zeichen für Takt & Stil.

2.6 Top Tipps

Takt & Stil im Beruf

- Stil beginnt bereits mit einem gepflegten Erscheinungsbild und einer offenen, geraden Körpersprache!
- Nutzen Sie die Wörter „danke", „bitte", „Entschuldigung". Es sollte selbstverständlich sein und wird doch so oft vergessen.
- Nicht jeder ist kritikfähig. Halten Sie sich mit Anspielungen auf Missgeschicke und Fehler nach Möglichkeit zurück. Sollte eine Ansprache unumgänglich sein, tun Sie es sachlich und in einem ruhigen Ton.

– Hören Sie aktiv zu und nutzen Sie Ihr Einfühlungsvermögen, um sich besser in das Gegenüber versetzen zu können und dessen Wünsche und Ziele zu erkennen.

– Wahren Sie einen Mindestabstand gegenüber dem Gesprächspartner. Zu viel Nähe wirkt oft einengend und unangenehm.

– Empfangen Sie Gäste und Kunden stets mit einem offenen Lächeln und einem festen, aber nicht quetschenden Händedruck.

– Bedanken Sie sich für Einladungen, Geschenke und Gratulationen ruhig auch ein paar Tage später. So freut sich der Schenkende selbst auch noch einmal.

– Türen aufzuhalten, den Gast nach dem Besuch wieder zum Ausgang zu begleiten sowie jemandem in die Jacke oder den Mantel zu helfen, sollte für Sie selbstverständlich sein.

– Als Gastgeber stellen Sie die Gäste einander nach Möglichkeit persönlich vor. Ein paar einleitende Worte, die als Start für einen unverfänglichen Small Talk genutzt werden können, sind wünschenswert.

– Schalten Sie das Handy bei wichtigen Anlässen aus und achten Sie auch auf Verbotsschilder. Einen dezenten Umgang mit dieser vermeintlichen Freiheit wird Ihnen Ihr Umfeld danken.

– Offiziell entschuldigt man sich, wenn man niest. Dennoch wird Sie keiner verurteilen, wenn Sie – statt gespannt auf die Entschuldigung zu warten – dem Niesenden Gesundheit wünschen.

**INFO Grundsätzlich gilt beim Vorstellen
noch folgende Reihenfolge:**

- Damen gelten im Bezug auf obige Regeln gegenüber Männern als ranghöher.
- der Rangniedrigere grüßt den Ranghöheren.
- Ältere sind ranghöher als Jüngere.
- Fremde sind ranghöher als Verwandte.
- Ausländer sind ranghöher als Inländer.
- Mitarbeiter anderer Unternehmen gelten als ranghöher als die eigenen Mitarbeiter.

- Sich aus Klatsch und Tratsch in der Firma herauszuhalten, Kommentare sparsam und sachlich zu äußern, zählt ebenfalls zu den wichtigen Benimmregeln.
- Halten Sie sich mit „Bussi Bussi"-Ritualen sowie Handküssen zurück.
- Über das „Du" wird in der Geschäftswelt anhand der betrieblichen Hierarchie entschieden. So bietet stets der Vorgesetzte dem unterstellten Mitarbeiter das Du an, nicht umgekehrt. Sie selbst sind der Boss? Achten Sie darauf, dass Sie Ihre Mitarbeiter nicht einfach duzen und dann das Sie von ihnen verlangen. Gleiches Recht für alle, um den Respekt vor der Persönlichkeit zu wahren. Ist man auf gleicher Ebene beschäftigt, sollten Sie die Grundregeln des Alters beachten. Der oder die Ältere bietet das Du an. Aber auch hier gilt, dass bei passender Gelegenheit, mit freundlichen Worten auch von jüngerer Seite Initiative ergriffen werden kann.

– Der Tausch von Visitenkarten scheint ein neuer Volkssport zu sein. Strecken Sie Ihrem Gesprächspartner nicht pfeilartig Ihre Visitenkarte entgegen, obwohl Sie beide noch keine zwei Sätze gewechselt haben. Karten werden am Ende des Gespräches verteilt.

Wenn Sie selbst eine Visitenkarte überreicht bekommen, nehmen Sie sie mit Respekt entgegen, lesen Sie sich den Inhalt kurz durch und stecken Sie sie nicht achtlos und ungesehen in die Jackentasche.

– Achten Sie auch im elektrischen Zeitalter auf gute Umgangsformen. So wird eine E-Mail ähnlich einem Brief aufgebaut und sollte ohne Smileys, dafür aber in ganzen Sätzen und mit ordentlichem Gruß geschrieben werden.

– Beim Umgang mit akademischen sowie Adelstiteln gelten folgende Grundsätze:

  • Sprechen Sie eine Gräfin beispielsweise mit „Gräfin Hochburg" an, nicht aber mit „Frau Gräfin", denn diese Anrede war früher der Dienerschaft vorbehalten.

  • Unseren Freiherrn von Knigge nennen wir bei der Begrüßung nur „Herr von Knigge", lediglich beim Schriftverkehr wird der Freiherr in Form von Frhr. hinzugefügt.

  • Hat ein Mann einen doppelten Doktortitel sowie eine Professur, so wird er nicht etwa „Professor Dr. Dr. ...:" angesprochen, sondern lediglich mit „Herr Professor". Doch auch hier führt man im Schriftverkehr alle Titel auf.

– Nehmen Sie sich auch die Regeln aus dem Originalwerk von Adolf Freiherr von Knigge zu Herzen! Denn schon damals waren Gesprächsthemen für Small Talk wie Tod und „häusliche Verlegenheiten" tabu. In der heutigen Zeit sind die Themen Geld, Religion und Politik noch hinzugekommen.

— Es ist schön, die Regeln von Takt & Stil zu beherrschen, doch stets bleiben Herzlichkeit, Taktgefühl, Humor und Einfühlungsvermögen viel wichtiger!

„Interessiere dich für andere, wenn du haben willst,
dass andere sich für dich interessieren.
Respektiere dich selbst, wenn du willst,
dass andere dich respektieren sollen."

(Adolph Freiherr von Knigge)

3 Erfolg durch Networking & Teamfähigkeit

Kennen Sie den Spruch:
  *„Es kommt weniger darauf an, was du kannst,
  sondern wen du kennst."*

Gehören Sie auch zu den Frauen, die überzeugt sind, dass der Chef, der Kollege oder der Partner ihre Leistung schon erkennen und würdigen wird? Dass das berühmte Klappern gar nicht zum Handwerk gehört, weil Qualität früher oder später sowieso siegt? Wenn dem so ist, muss ich Sie leider enttäuschen. Ohne passendes Netzwerk und eine gehörige Portion Teamfähigkeit funktioniert es heutzutage weder im Privatleben noch im Beruf.

3.1 Warum überhaupt Netzwerke schaffen?

Verschiedene Studien machen deutlich, dass die Karriere, Beförderungen und das Ergattern von begehrten Stellen hauptsächlich vom Bekanntheitsgrad des Bewerbers abhängen. So besagt eine IBM-Studie, dass die Aufstiegschancen im Beruf vor allem von drei Faktoren abhängen: zu 10 Prozent von der Leistung bzw. Qualität der Arbeit, zu 30 Prozent vom hinterlassenen Eindruck und zu 60 Prozent vom Bekanntheitsgrad. Die Studie des Wirtschafts- und Sozialwissenschaftlichen Institutes der Hans-Böckler-Stiftung hat analog dazu herausgefunden, dass über 30 Prozent aller erfolgreichen Jobvermittlungen über Verbindungen laufen.

Im ersten Moment scheint dies beängstigend und beunruhigend zu sein. Doch wenn wir es uns genauer ansehen, war es schon immer so, nur hat man es früher nicht Networking genannt. Den heute so beliebten „Jour fixe", bei dem sich mehr oder weniger festgelegte Personenkreise treffen, gab es früher bereits unter dem Begriff Stammtisch. Man sprach von Seilschaften, Vitamin B und Klüngelei. Jeder nutzt bereits auf die eine oder andere Art und Weise vorhandene Kontakte. Da geht man zum Hausarzt, den die Oma schon besuchte. Kauft die neuen Schuhe in dem Laden, den die Nachbarin empfohlen hat, und wechselt sich mit einer lieben Freundin regelmäßig beim Babysitten ab. Haben Sie also keine Scheu vor Networking, denn vieles davon läuft bereits automatisch. Wie nutzbringend könnte es jetzt noch sein, wenn Sie es bewusst und aktiv machten? So kann man die ehemaligen Kommilitonen einmal im Quartal treffen, kauft sich ein Seminarabo, bei dem man einmal im Monat für maximal drei Stunden am Abend an einem Vortrag teilnimmt, oder initiiert einen regelmäßigen Austausch mit Berufskollegen oder anderen freiberuflichen Frauen, der alle zwei Wochen stattfindet.

3.2 Gewinn- und Verlustrechnung

Was Sie investieren und was Sie dadurch gewinnen
- Eigeninitiative, um überhaupt Netzwerkverbindungen aufzubauen,
- das Wissen aus dem Kapitel Kommunikation, um bewusst mit anderen umgehen zu können,

▶

– Geduld und Phantasie, um das Miteinander aktiv und lebendig gestalten zu können,

– Offenheit und Interesse an Ihrem Umfeld. Denn ohne ehrliches Interesse an Ihren Mitmenschen ist ein sinnvolles und erfülltes Netzwerken nicht möglich.

+ Unterstützung in unterschiedlichster Form. Egal ob als Babysitter, Seelentröster oder Ideengeber – Freunde und Netzwerke können in nahezu jedem Lebensbereich bereichernd wirken.

+ Neue Freunde.

+ Ein Gefühl für Ihre eigenen Stärken und dadurch mehr Selbstbewusstsein.

+ Ihre Pläne und Visionen verwirklichen sich aufgrund von hilfreichen Tipps, nützlichen Verbindungen und einflussreichen Kontakten schneller und leichter.

+ Das gute Gefühl, respektiert und gemocht zu werden.

+ Soziale Anbindung und Halt.

Alle meine Lieben –
und wen Sie noch so alles kennen

Das Netzwerk, mit dem wir als erstes in Verbindung kommen, ist unsere eigene Familie. Da wird der Klempner engagiert, der beim Onkel erfolgreich die Wasseranschlüsse gelegt hat. Erziehungstipps erhalten wir von Mutter und Schwiegermutter gratis und das Auto kauft die ganze Sippschaft seit eh und je beim Schwippschwager des Vetters siebten Grades. Dann kommen die Nachbarschaft, Kindergarten- und Schulfreunde hinzu, und über kurz oder lang kennt man eine ganze

Menge Menschen, mit denen man in irgendeiner Art und Weise verbunden ist.

ÜBUNG Notieren Sie die Namen aller Personen, die Sie kennen. Familie, Verwandte, Freunde, Bekannte, Kollegen, Schulfreunde, Lehrer und so weiter. Markieren Sie die Namen von Personen, mit denen Sie noch immer in Kontakt stehen. Hier können Sie zusätzlich unterscheiden, wie regelmäßig dieser Kontakt stattfindet. Lassen Sie mich raten: Mit der Masse an bereits vorhandenen Kontakten und bekannten Personen haben Sie nicht gerechnet?! Sehen Sie es als positiven Start in Ihre zukünftige Netzwerk-Karriere und behalten Sie den Zettel in Reichweite. Wir werden ihn zu einem späteren Zeitpunkt noch einmal benötigen.

Gewisse Verbindungen ergeben sich also automatisch, andere hingegen kann man ganz bewusst steuern, vor allem, wenn man ein bestimmtes Ziel vor Augen hat.

FALLBEISPIEL Nehmen wir also beispielhaft eine junge Mutter, die nach der Geburt ihrer Tochter wieder arbeiten möchte. Meinen Sie nicht auch, dass ein eng verwobenes Netzwerk in dieser Situation für sie Gold wert sein könnte? Vielleicht hat sie ja eine Mutter, die selbst noch sehr fit und engagiert ist und die anderthalbjährige Tochter zur Überbrückung bis zum Kindergarten aufnimmt und betreut. Dann sage ich: herzlichen Glückwunsch, denn aus verschiedenen Gründen ist es nicht für viele selbstverständlich, auf ihre Mutter oder andere ▶

nahe Verwandte zurückgreifen zu können. Dann könnte die orts-ansässige Kindergruppe für die junge Mutter eine Lösung sein. Durch Gespräche mit anderen Müttern hat sie vorab schon das eine oder andere gehört, sich am Tag der offenen Tür informiert und schon durch diese Vorkehrungen ein kleines Netzwerk geschaffen und genutzt. Selbstverständlich gibt es noch viele Alternativen zu den genannten Beispielen, die einen Wiedereintritt in die Arbeitstätigkeit ermöglichen. Au-pair-Mädchen, Tagesmütter, betriebseigene Kinder-gärten und private Betreuungseinrichtungen sind nur eine kleine Auswahl. Unsere Beispielmutter hat von den Frauen ihrer Krabbel- und Spielgruppe den Tipp für eine besonders freundliche Kinder-tagesstätte bekommen, in der sie ihre Tochter durch einen Zufall noch anmelden kann. Das allein reicht selbstverständlich nicht aus. Also bereitet sie ihre Mutter auf Einsätze während der Ferienzeit vor, berat-schlagt sich mit einer Freundin, was im Krankheitsfall zu tun wäre, und erstellt eine Liste mit potentiellen Babysittern, falls ihre Mutter mal keine Zeit hat. Da ihr schon vor der Geburt klar war, dass sie früher oder später wieder arbeiten möchte, hat sie den Kontakt zu ihrer alten Firma aufrechterhalten. So können frühzeitig Pläne geschmiedet werden, die eine höhere Chance auf wunschgerechte Realisierung haben. Das Einbeziehen aller Beteiligten spielt dabei eine wichtige Rolle. Wertvolle Organisationstipps und mögliche Varianten können dadurch leichter erarbeitet werden.

Aus eigener Berufserfahrung als Personalfachkauffrau kann ich jeder Mutter nur raten, sich frühzeitig Gedanken über die möglichen Zukunftsperspektiven zu machen. Klar, es kann keiner vorhersagen, wie sich ihr Leben mit dem neuen Erden-bürger gestalten wird. Schon viele Mütter waren vor der Geburt überzeugt, auf jeden Fall nach spätestens zwölf Wochen wieder an den Arbeitsplatz zurückzukehren. Meist wurden sie jedoch von ihren Muttergefühlen, den Veränderungen im eigenen Leben sowie in der Partnerschaft, dem neuen Tagesrhythmus überrumpelt und beschlossen, diese Zeit ganz bewusst zu genießen.

Egal wie Sie sich persönlich entscheiden, treffen Sie frühzeitig Vorkehrungen und sprechen Sie offen und ehrlich mit Ihrem Arbeitgeber über Ihre Vorstellungen. Wer die Zeit und Energie findet, sich während der Elternzeit beruflich auf dem Laufenden zu halten und sich weiterzubilden, hat beim späteren Widereinstieg klare Vorteile. Es ist ja nicht gleich ein Fernstudium nötig, auch kleinere Seminare zu Neuerungen in Ihrer Branche, Wochenendworkshops für berufstätige Mütter sowie regelmäßige Lektüre relevanter Zeitschriften und Bücher helfen ebenfalls weiter. Nicht nur, dass jedes Zertifikat für Ihr Engagement und Ihr erworbenes Wissen steht, Sie haben auch noch die Gelegenheit, Ihr berufliches Netzwerk zu erweitern. Warum Sie diese Chance nutzen sollten? Weil nicht jeder Chef die Möglichkeit bieten kann, Sie zu Ihren persönlichen und vor allem zeitlichen Konditionen erneut zu beschäftigen, und Sie gegebenenfalls schneller als gedacht von anderen Arbeitgebern abhängig sind. Auf Messen, bei Seminaren und Vorträgen können Sie bereits Kontakte knüpfen, Informationen sammeln und Verbindungen herstellen, die sich über kurz oder lang auszahlen.

„Beziehungen schaden nur demjenigen, der keine besitzt."

Volksmund

An unserem obigen Beispiel wurde schnell deutlich, wie wichtig Netzwerke sein können. Manchmal ist es der Babysitter, den man benötigt, weil der Arztbesuch unumgänglich geworden ist. Beim anderen Mal ist man dankbar für den Kontakt im Konkurrenzunternehmen, in dem man gerne die nächsthöhere Stufe der Karriereleiter besteigen will. Eine Grundvoraussetzung dafür, überhaupt Menschen kennenzulernen und ein Teil eines Netzwerkes zu werden, ist Teamfähigkeit.

Teams – jedes Mitglied ist ein Teil des Ganzen

Eine Familie kann nur reibungslos funktionieren, wenn alle mithelfen, jedes Familienmitglied ein kleines Rad in der Maschinerie des großen Ganzen ist. Diese Fähigkeit ist auch im Berufsleben unabdingbar. In nahezu jeder Stellenanzeige wird Teamfähigkeit als Voraussetzung genannt.

Teamfähigkeit scheint das Schlagwort der heutigen Arbeitswelt zu sein. Egozentrische Kollegen, arrogante Bewerber und verzogene Einzelkinder werden zu Außenseitern. Frauen liegen mit ihrem Helfersyndrom voll im Trend. Sie finden diese Aussagen unverschämt? Fühlen sich angegriffen und können diesen überspitzten Ausführungen nicht zustimmen? Müssen Sie auch nicht, aber lassen Sie uns die obige Ansicht etwas genauer betrachten.

Bereits als Kind lernen wir, Teil unserer Familie, einer Gemeinschaft zu sein. Schon Säuglinge und Kleinkinder passen sich den internen Ritualen an und übernehmen Verhaltensweisen der Eltern und Geschwister. Sie stellen fest, dass jedes

Familienmitglied Zeit und Aufmerksamkeit beansprucht. Dass ihr eigener Wille nicht immer entscheidend ist, auch wenn es uns Eltern häufig so vorkommt, als würden die Kinder dies niemals einsehen. Auch in der Schule sowie anschließend in der Ausbildung sind wir automatisch Mitglied einer speziellen Gruppe und müssen uns zumindest ein Stück weit anpassen. Das zeichnet uns später im Umgang mit unseren Abteilungskollegen oder dem Unternehmen aus und bleibt gerade beim Networking ein nicht zu unterschätzender Aspekt. Denn auch wenn Sie nur Zweierteams bilden, so gilt auch hier: Empathie, Geben & Nehmen, Anpassen und zu den eigenen Werten stehen.

MERKE Achten Sie auf eine gesunde Portion Einfühlungsvermögen, hören Sie dem Gegenüber aufmerksam zu und stellen Sie Ihr eigenes Ego ein Stück weit zurück, wenn es die Umstände erfordern. Damit wird das tägliche Leben sowohl in Beruf als auch in der eigenen Familie einfacher, angenehmer, freundschaftlicher und bringt Sie und Ihr Team schneller zum Ziel.

Doch auch in diesem Bereich haben wir unsere ganz eigenen Blockaden und Glaubenssätze errichtet, die uns häufig vom Networking mit dem Kollegen und generell vom Team-Gedanken abhalten. Diese Glaubenssätze können glücklicherweise erkannt und verändert werden. Dazu möchte ich Sie ermutigen und Ihnen mit folgenden Beispielen ein wenig behilflich sein.

Blockaden und Glaubenssätze, die uns am Netzwerken hindern, und wie man sie bekämpfen kann:

„Ich habe Angst, ausgenutzt zu werden"

Es gibt Freunde und Kollegen, die recht schnell erkennen, wer sehr großzügig mit Hilfsangeboten, Tipps und Informationen ist, und eben jene nur allzu gerne in Anspruch nehmen. Dass sie selbst beim Umzug des anderen dann leider nicht helfen können, tut ihnen vermeintlich leid, verletzt aber die Gebenden.

Ich kann Sie jedoch beruhigen. Auch wenn es immer wieder jemanden gibt, der versucht, Sie auszunutzen, so gilt im Allgemeinen beim Netzwerken die Grundregel: Geben & Nehmen! Sagen Sie nein zu Schmarotzern und öffnen Sie die Arme für ehrliche Freunde und Kontaktanfragen.

„Ich möchte nicht neugierig oder aufdringlich erscheinen"

Es gibt keinen Grund, sich aufdringlich oder gar neugierig zu fühlen, wenn man beim Small Talk die eine oder andere Frage stellt und durch ein wenig Empathie (siehe Kapitel Kommunikation) die Gedanken, Ziele und Wünsche des anderen erkennt und anspricht. Wer nicht will, muss nicht mit Ihnen über ungeliebte Themen sprechen und wird Ihnen dies auch entsprechend deutlich machen.

Außerdem entwickeln Sie bereits nach kurzer Zeit ein Gespür dafür, wer ehrliches Interesse an Ihnen hat und zu einem Austausch mit Ihnen bereit ist.

„Ich habe doch gar nichts zu bieten"

Warum lassen Sie nicht die anderen entscheiden, ob Sie etwas zu bieten haben? Vielleicht ist für eine Karrierefrau gerade Ihre Erfahrung als Mutter wichtig, weil sie sich selbst mit dem Kinderwunsch beschäftigt. Vielleicht ist Ihr Wissen als Werbetexterin bei der Vorsitzenden des Elternbeirates sehr viel wert, weil gerade die neue Kindergartenbroschüre erstellt wird.

Man kann nicht wissen, ob man zum Erfolg beitragen kann, wenn man nicht miteinander kommuniziert.

„Ich möchte anderen nichts schuldig sein"

Es fällt besonders Frauen schwer, um Hilfe zu bitten und diese dann auch anzunehmen. Sie erwarten von sich selbst eine sofortige Chance zur Wiedergutmachung, auch wenn es oft allein die Zeit gar nicht zulässt. Dabei wird verkannt, dass ein ehrliches „Danke schön" häufig völlig ausreichend ist und man nicht sofort teure Geschenke oder Wiedergutmachung anbieten muss.

Lernen Sie, etwas anzunehmen, ohne sich direkt verpflichtet zu fühlen. Manchmal tut es dem Gebenden einfach gut, wenn er helfen kann. Auch ohne Wiedergutmachung.

„Ich habe keine Zeit für so was"

Auch wenn Sie derzeit keine Möglichkeit sehen, zu regelmäßigen Treffen Ihres Berufsverbandes oder zur Spiel- und Krabbelgruppe zu gehen, so müssen Sie sich dennoch bewusst machen, dass Sie im übertragenen Sinne bei jedem Kontakt mit anderen bereits erfolgreich netzwerken können. Wenn Sie die Nachbarin an der Mülltonne treffen, freut sie sich bestimmt über einen kurzen Ratsch, bei dem wertvolle Informationen ausgetauscht werden können.

Betrachten Sie Ihre Begegnungen doch einfach mal aus einem anderen Blickwinkel, und schon wird das Thema Zeit kein Thema mehr sein.

Selbstverständlich ist dies nur eine kleine Auswahl an möglichen inneren Schranken. Je intensiver Sie sich jedoch mit diesem Thema befassen und sich selbst beobachten, umso eher stoßen Sie auf Ihre ganz persönlichen Hemmschwellen, die Sie häufig bereits mit einem kleinen Umweg oder einem Sprung überwinden können.

Nun sind wir offen und bereit für den großen Angriff, haben Lust auf ein wenig Small Talk oder intensiven Austausch untereinander. Doch wo finden wir nun die passenden Personen dazu?

3.3 Kontakte für den Bereich „Kinderzimmer/Privatleben"

Geburtsvorbereitungskurse

Sie bieten die optimale Möglichkeit, Kontakte mit anderen werdenden Müttern zu knüpfen. Hier können alle Erwartungen, Ängste und Fragen besprochen, Empfehlungen weitergegeben und Erfahrungen ausgetauscht werden.

Schwangerschaftsgymnastik, Schwimmen für Schwangere

Häufig liegen beim Gynäkologen oder in der Apotheke regionale Zeitschriften für Mutter & Kind aus, in denen Sie aktuelle

Angebote zu unterschiedlichsten Themen finden. Blättern Sie darin und suchen Sie sich etwas, das Ihnen Freude macht.

Spiel & Krabbelgruppen

Besonders Mütter des ersten Kindes neigen dazu, sich einer Spielgruppe, einem Babymassagekurs, einer Pekip-Gruppe anzuschließen. Das kann für viele sehr wertvoll sein. Hier lernt man sich und das Kind besser kennen, kommt sich gegenseitig näher und erhält noch jede Menge wertvolle Informationen dazu. Nutzen Sie diese Gruppen für sich und Ihren Nachwuchs. Vielleicht wächst daraus sogar eine langjährige Freundschaft. So existiert unser persönliches „Babycafé", bestehend aus vier Frauen und fünf Kindern, bereits seit dem 6. Lebensmonat unserer Kinder. Wir treffen uns jede Woche mindestens einmal und unternehmen gemeinsam sehr viel, ohne dabei aufdringlich zu sein. Ohne dieses wundervolle Netzwerk wären uns wertvolle Freundschaften, so mancher günstige Schneeanzug, sinnvolle Sportkurs und viele weitere Informationen verborgen geblieben. Bei nahezu jedem Treffen werden Infos ausgetauscht, Bücher und Zeitschriften ver- und entliehen und gedealt, was das Zeug hält. Das schönste jedoch ist, jeder kann sich auf den anderen verlassen!

Internet-Netzwerke

Meist wird schon während der Schwangerschaft fleißig im Internet nach Informationen recherchiert. Nutzen Sie diese Quellen auch weiterhin, so bleiben Sie auf neuestem Stand, können sich rege austauschen und erhalten wertvolle Kontakte und Informationen, die Sie vielleicht zu einem späteren

Zeitpunkt besonders gut gebrauchen können. Auch im Internet sind die Netzwerke nach unterschiedlichen Schwerpunkten aufgebaut. So können Sie beispielsweise auf der einen Homepage die neuesten Basteltipps für trübe Regentage und auf der anderen Seite Zeitmanagement-Ratschläge für berufstätige Mütter finden. Schauen Sie doch einfach mal auf einer der folgenden Seiten vorbei: www.Eltern.de, www.Urbia.de, www.9monate.de, www.mamiweb.de. Sie können bei Google noch viele weitere interessante Seiten finden. Schauen Sie einfach mal rein und klicken Sie sich durch unterschiedliche Seiten durch. Es wird was Passendes dabei sein.

Elternbeirat

Wenn Ihr Kind bereits in den Kindergarten oder zur Schule geht, bietet sich eine ehrenamtliche Mitarbeit im Elternbeirat förmlich an, um aktiv zu netzwerken. Sie lernen viele Persönlichkeiten Ihrer Einrichtungen kennen, kommen meist mit dem Bürgermeister oder sonstigen Ortsvorstehern in Kontakt, sind über die neuesten Entwicklungen informiert und können den Betrieb aktiv mitgestalten.

Babysitter-Verbände

Wenn Oma nicht aushelfen kann, die Freundin ein Kind mit Windpocken zu Hause hat und der Kindergarten geschlossen ist, helfen oftmals Babysitter-Verbände, bei denen Sie spontan Hilfe bekommen. Sie können sich anmelden, Schnuppergespräche führen und Erfahrungen anderer Eltern einholen, bevor es bei Ihnen brenzlig wird. Oder wie wäre es mit „Rent a Grandma"? Mieten Sie doch einfach mal eine liebe Oma, die für zwei Stunden auf die Kleinen achtet, weil sich Ihr Termin einfach nicht verschieben lässt.

Gründen Sie ein eigenes Netzwerk

Wenn Sie ein extrovertierter Mensch sind und offen auf anderen zugehen können, gründen Sie doch Ihr eigenes Netzwerk. Legen Sie – natürlich nicht, ohne vorher zu fragen – Flyer und Anmeldungen in Kindergärten und Schulen aus. Schreiben Sie für regionale Zeitungen einen Bericht oder geben Sie ein Interview. Die Redakteure sind meist dankbar für Ideen aus der Umgebung. Erstellen Sie mit Freunden eine Homepage, auf der man sich über Sie und Ihre Vereinigung informieren kann. Trauen Sie sich und seien Sie kreativ!

3.4   Kontakte für den Bereich „Büro/Job"

Seminare/Vorträge

Es ist egal, ob Sie mitten im Beruf stehen und die eigene Karriere anschieben wollen oder als Mutter wieder in den Beruf finden möchten: Seminare und Vorträge eigenen sich hervorragend zum Aufbau von neuen Kontakten. Wählen Sie ein relevantes Trainingsthema. Es nutzt nichts, wenn Sie Restaurantleiter werden wollen und beim Vortrag über die Änderungen der gesetzlichen Versicherungen auf Visitenkartenfang gehen. Legen Sie sich vorab auch schon Ziele fest. Was interessiert Sie neben dem Seminarthema? Wen wollen Sie ansprechen und vor allem wie? Welche Themen eigenen sich besonders gut zum Small Talk, welche Themen liegen Ihnen?

Wie könnte eine Überleitung auf Ihren Berufswunsch aussehen? Doch vor allen Dingen: Trauen Sie sich, über sich und Ihre Ziele zu sprechen. Erst als ich mich traute, über mein Buchprojekt zu sprechen, wurden die Gedanken konkret und ich erhielt von vielen unerwarteten Seiten hilfreiche Informationen und Kontakte. Recherchieren Sie doch gleich mal im Internet.

Mitgliedschaft in Berufsverbänden

Verbände veranstalten häufig Treffen und günstige Seminare für Mitglieder. Hier stoßen Sie automatisch auf Gleichgesinnte und haben sofort einen passenden Anlass, ein Gespräch zu beginnen und sich und die eigenen Fähigkeiten ins Spiel zu bringen. Eine umfangreiche Übersicht über Verbände und deren Adressen und Ziele erhalten Sie von der Deutschen Gesellschaft für Verbandsmanagement e.V. www.verbaende.com.

Alumni-Vereinigungen

Gemäß den großen amerikanischen Vorbildern hat sich nun auch in Deutschland eine Alumni-Kultur durchgesetzt und bietet so ehemaligen Studenten an vielen Unis und FHs die Möglichkeit zu langfristigen Kontaktaufnahmen und deren Pflege. Schauen Sie doch einfach mal unter www.alumniclubs.de nach oder informieren Sie sich bei Ihrer alten Uni.

Blaue Stunde/Kaffeeklatsch/Jour fixe

Egal, wie Sie es nennen wollen, eine festgelegte Zeit, zu der man sich mit Freunden, Kollegen, Vorgesetzten oder anderen

Müttern regelmäßig trifft, erleichtert einen konstanten Informationsaustausch. Häufig sind die Zusammenkünfte teils informell und garantieren stets einen äußerst hohen Netzwerk-Wert, der nicht zu unterschätzen ist. Hier erfahren Sie von offenen Positionen in Ihrem Unternehmen, die für Sie und Ihre nächste Beförderung wichtig sein könnten. Auch wichtige Adressen über Kinderärzte, Informationen über Infekte oder Weiterbildungsmöglichkeiten werden bei solchen Treffen ausgetauscht.

Internet-Netzwerke

Wer selten aus dem Haus kommt, lange Arbeitszeiten hat und sich am Abend einfach nur auf eine gemütliche Jogginghose statt Kostüm oder Partykleidung freut, nutzt am besten die bequeme Art des Online-Networkings. Internetplattformen wie beispielsweise Xing (ehemals Open BC) bieten eine scheinbar unbegrenzte Möglichkeit, sich über andere zu informieren, in Kontakt mit ihnen zu treten oder sich Gruppen und Forumsdiskussionen anzuschließen. Googeln Sie sich durch die Online-Welt und suchen Sie nach Menschen, Vereinigungen und Gruppen, die zu Ihnen und Ihren besonderen Fähigkeiten passen.

Hobby

Dass Vereine wahre Netzwerkwunder sind, wussten schon viele Generationen vor uns. Doch noch nie gab es eine so große Auswahl und so viele Möglichkeiten. Nutzen Sie diese Chance und verbinden Sie das Nützliche mit dem Angenehmen.

Kulturelle Veranstaltungen

Halten Sie in der Zeitung, auf der Homepage Ihrer Stadt und in speziellen Kulturzeitschriften nach Aktivitäten Ausschau, die Ihnen zusagen und Ihren kulturellen Horizont erweitern. Hier findet man neues Wissen, andere Menschen und jede Menge Anregungen.

3.5 Win-Win-Situation – oder warum jeder etwas davon haben sollte

Machen Sie sich bei der Suche nach neuen Kontakten immer bewusst, dass Sie eine Win-Win-Situation herstellen sollten. Was das ist, erfahren Sie im folgenden Info-Kasten.

INFO Win-Win-Situation

Win-Win-Situation heißt, dass Sie darauf achten müssen, dass beide Parteien bei einem gemeinsamen Projekt Erfolg haben – sozusagen Gewinner sind. Beiden Seiten fühlen sich im Vorteil und sind froh über die Übereinkünfte, die man getroffen hat. In Verhandlungssituationen bedeutet dies, dass beide glauben „ein Schnäppchen" oder „ein gutes Geschäft" gemacht zu haben. Meist ist es hier notwendig, Kompromisse einzugehen und auf die Bedürfnisse des Gegenüber verstärkt zu achten, ohne die eigenen Ziele aus dem Blickfeld zu verlieren. Im Bereich Networking sollten also alle einen Nutzen in ihrer freundschaftlichen oder Geschäftsbeziehung sehen.

Wenn Sie sich nun bewusst mit dem Networking beschäftigen, sollten Sie sich vorab mit ein paar Fragen auseinandersetzen. Was hat Ihr Gegenüber davon, wenn er Sie kennt? Welche Informationen, Erfahrungen oder Ähnliches können Sie selbst bieten? Nichts?! Das glaube ich Ihnen nicht.

ÜBUNG Nehmen Sie sich die Zeit und überlegen Sie, welche Eigenschaften Sie zu einem besonderen Menschen machen, welche Hilfestellung Sie leisten können, worin Ihr Fachwissen liegt, welche Stärken Sie haben. Nehmen Sie sich zum Beispiel Ihre Liste mit den bereits notierten Kontakten zur Hilfe und überlegen Sie, was Sie miteinander verbindet und worin die jeweilige Win-Win-Situation besteht. Fragen Sie bei Bedarf Ihre engen Freunde und die eigene Familie, was diese genau an Ihnen schätzen. Welche Fähigkeiten wurden in den beruflichen Zeugnissen Ihrer Arbeitgeber besonders hervorgehen, welche Fähigkeiten in Beurteilungsgesprächen gelobt? Sie werden sehen: Sie haben mehr zu bieten, als Sie denken!

Ein bisschen Pflege muss sein

Grundsätzlich müssen Sie bereit sein, das eigene Ego gelegentlich zurückzustellen, um Hilfe annehmen zu können und/oder Menschen um sich zu versammeln, die Eigenschaften besitzen, die Ihnen selbst vielleicht fehlen. So sagt man, dass ein guter Chef Mitarbeiter um sich schart, die auf ihren Fachgebieten hoch qualifiziert sind und ihn mit ihrem Wissen ergänzen. Nur schwache Vorgesetze suchen sich noch schwächere Kollegen, um die eigenen Schwächen vertuschen und die wenigen Stärken noch deutlicher herausarbeiten zu können. In Netzwerken ist man ebenfalls versucht, erst mal Kontakte zu suchen, die höchstens auf gleicher Ebene liegen. Dies ist häufig sehr angenehm, kann neue Freundschaften fördern, hilft aber selten, um erfolgreicher zu werden. Zum zweckvollen Netzwerken gehört also auch eine gehörige Portion Mut und Selbstbewusstsein, um interessante und erfolgreiche Menschen anzusprechen.

ERFAHRUNGSBERICHT Teilweise fühlte ich mich als Mutter und Hausfrau nicht sonderlich wichtig. Frauen wie mich gab es viele, und besondere Punkte, die mich auszeichneten, waren mir nicht bewusst. Doch immer stärker reifte der Wunsch, mein Buchprojekt nun doch endlich zu verwirklichen und aktiv daran zu arbeiten. In meinem Bekanntenkreis hatte noch niemand ein Buch geschrieben geschweige denn veröffentlicht. Also meldete ich mich zu einem Seminar von Sabine Asgodom „So schreiben Sie Ihr Buch" an, und ich kann Ihnen sagen, dass ich mich zwischen all den gebildeten, erfolgreichen und meist berufstätigen Menschen leicht eingeschüchtert fühlte. So hörte ich erst einmal aufmerksam zu, notierte mir stichhaltige Fragen und krabbelte nach und nach aus meinem Komfortbereich. Dies war schließlich das Networking-Paradies für angehende Autoren! Autoren und Autorinnen, die über ihre Erfolge berichteten, eine aktive Lektorin, die auf charmante und gleichzeitig sehr klare Art und Weise die wenig vorhandenen Erfolgschancen verdeut-

▶

lichte, ein Autor, der im Selbstverlag veröffentlicht, und die charismatische Leiterin des Seminars, Sabine Asgodom, die die Spiegel-Bestsellerlisten erobert. Und genau sie sowie die für mich wichtige Lektorin habe ich angesprochen. Und viel brauche ich wohl nicht sagen: Sie lesen schließlich gerade mein Buch! Was meinen Sie, lohnt es sich, über seinen eigenen Schatten zu springen, um einen Lebenstraum zu erfüllen? Klar, daran arbeiten muss zwar jeder selbst, aber gute Kontakte können die Realisierung um ein Vielfaches erleichtern.

3.6 Top Tipps zur Kontaktpflege

– Warten Sie nicht, bis Sie gefragt werden, netzwerken Sie unaufgefordert, indem Sie zum Beispiel der Kollegin einen Artikel mitbringen, den Sie gestern in der Zeitung gefunden haben und der genau zu ihrem derzeitigen Weiterbildungsthema passt. Ähnliches geht auch stets unter Müttern: eine Probe der neuen Amarettini-Plätzchen samt Rezept für die Weihnachtszeit kommt bei jedem Kaffeeklatsch gut an.

– Vergessen Sie keinen Geburtstag. Rufen Sie an, vielleicht überreichen Sie ein kleines persönliches Geschenk oder schicken ein paar Blumen.

– Nutzen Sie Feiertage: Ostern, Weihnachten, Nikolaus, Namenstage, Jubiläen, um sich mal wieder zu melden.

– Verabreden Sie sich und erscheinen Sie dann stets pünktlich zu den Treffen. Nehmen Sie diese Begegnungen ernst und bereiten Sie sich entsprechend darauf vor.

— Wie wäre es mal wieder mit einem Brief oder einer besonders schönen Postkarte? Klar, eine E-Mail ist schnell am Arbeitsplatz getippt und hilft kurzfristig, den Kontakt zu halten. Ein Brief, den man handschriftlich mit etwas mehr Aufwand schreibt, drückt allerdings um ein Vielfaches mehr Wertschätzung aus. Das spürt der Empfänger und dankt es Ihnen entsprechend.

— Nutzen Sie kleine Gelegenheiten, um große Freude zu bereiten. Wenn Sie Ihren Jüngsten beim Fußballtraining fotografieren, machen Sie doch gleich noch ein paar Bilder von den anderen und schicken Sie sie am Abend per E-Mail als kleinen Gruß. Es verursacht wenig Mehraufwand, aber viel Freude!

— Ergründen Sie die Wünsche der anderen. Nur wenn man weiß, was der andere sich wünscht, welche Vorlieben er hat und was ihm Freude bereitet, können Sie die Beziehung optimal pflegen.

— Aber auch bei der Pflege der Kontakte gilt: Geben UND Nehmen! Nehmen Sie also Hilfsangebote, eine Einladung auf einen Kaffee oder den Buchtipp der Kindergartenbekanntschaft ruhigen Gewissens an und seien Sie nicht darauf erpicht, sich sofort zu revanchieren. Das wirkt oft gezwungen und wenig kreativ. Bedanken Sie sich freundlich und warten Sie auf eine passende Gelegenheit.

Gewiss fallen Ihnen noch viele weitere Möglichkeiten ein. Bedenken Sie aber bei allen Bemühungen stets, dass ein Übermaß an Pflege das Gegenteil bewirken kann. Setzen Sie Ihre Mitmenschen nicht unter Druck, gönnen Sie sich und den anderen genug Freiraum und Luft zum Atmen. Bleiben Sie dezent am Ball und gehen Sie Schritt für Schritt auf dem Weg Ihres ganz persönlichen Erfolges.

> *„Ziele sind da, um erreicht zu werden,*
> *nur nicht immer auf dem bereits bekannten Weg."*
>
> ————— *Ramona Jakob*

4 Erfolg durch optimiertes Zeitmanagement & Selbstorganisation

Wozu brauchen wir die Zeit?
Damals, in den alten Tagen,
brauchten wir sie nie.
Wir richteten uns nach Aufgang
Und Untergang der Sonne.
Wir mussten uns niemals beeilen.
Wir brauchten nie auf die Uhr zu blicken.
Wir mussten nicht zu einer bestimmten Zeit
Bei der Arbeit sein.
Wir taten, was getan werden musste,
Wenn uns danach war.
Aber wir achteten darauf, es zu tun,
Bevor der Tag zu Ende ging.
Wir hatten mehr Zeit,
Denn der Tag war noch ganz.

Scott Wagle (elfjähriger Indianerjunge)

4.1 Gedanken über die Zeit

Dieses wundervolle Gedicht regt zum Nachdenken an. Gedanken über Momente, die ewig zu dauern scheinen, Augenblicke, die wir festhalten möchten, und über Zeit, die uns wie feiner Sand durch die Finger rinnt. Dabei wird alles schneller, der Informationsaustausch ist kaum aufzuhalten und an jedem

Tag werden neue Zeitrekorde aufgestellt – die wir wahrscheinlich gar nicht mitbekommen, weil wir mit unseren Kindern beschäftigt sind und eine Zeitung nur im Vorbeifahren zu Gesicht bekommen. Erst durch diese Veränderungen und Beschleunigungen erhält der Begriff „Zeitmanagement" eine so hohe Wertigkeit in unserem Leben.

INFO Doch wofür verbrauchen wir einen Großteil unserer Zeit?

Wer hätte gedacht, dass wir bei einem Durchschnittsalter von 72 Jahren ...

... 30 Jahre sitzen

... 24 Jahre verschlafen

... 12 Jahre fernsehen

... 3 Jahre lesen

... 3 Jahre essen

... 1 Jahr telefonieren

... neun Monate auf der Toilette verbringen.

Wie also können wir mit einem effizienten Zeitmanagement wichtige Stunden oder gar Jahre einsparen und sinnvoller nutzen?

Vorher sollten wir eines klären: Zeit kann man nicht managen. Sie vergeht einfach Sekunde um Sekunde, Stunde um Stunde, Jahr für Jahr. Jeder hat die gleiche Anzahl an Tagesstunden zur Verfügung, auch wenn der eine oder andere noch immer überzeugt ist, dass man aus einem 24-Stunden-Tag einen 32-Stunden-Tag machen kann. Was also managen wir dann? Uns und unsere Ziele, Wünsche und Möglichkeiten, die uns ein jeder Tag bieten kann! Bevor wir uns nun über die Möglichkeiten von Effizienz und Effektivität, Planung, Zeitersparnis und das Bilden von Ritualen und Strukturen unterhalten, sollten wir uns über uns, unsere Wünsche und Ziele Gedanken machen.

ÜBUNG Fragen Sie sich deshalb vorab: Was mache ich mit der Zeit, die ich einsparen werde? Wie fülle ich meine kostbaren Stunden, die ich auf keinem Konto ansammeln und später abheben kann?
Nehmen Sie jetzt einen Stift und Zettel zur Hand und stellen Sie Ihre ganz persönliche Zeit-Wunsch-Liste auf. Tun Sie es sofort, denn später fehlt Ihnen wieder die Zeit dazu. Doch wenn Sie die Möglichkeit haben, ein paar Minuten in diesem Buch zu lesen, haben Sie genau jetzt auch die Gelegenheit, genauer über Ihre Zeitwünsche nachzudenken.
Was sind Ihre innigsten Wünsche, Träume, Ziele, die Sie sich aufgrund empfundenen Zeitmangels versagen und nicht erfüllen? Schreiben Sie alles auf, wirklich alles.

Ich bin sicher, dass Sie selbst ein wenig darüber erstaunt sind, wie lang Ihre Liste geworden ist. Lassen Sie sich davon nicht abschrecken. Ich zeige Ihnen auf den folgenden Seiten einfache Strategien, um diese Zeitwünsche in Erfüllung gehen zu lassen. Die Liste deponieren Sie vorläufig an einem Ort, wo sie wiederzufinden ist. Wie wäre es am Kühlschrank, in der Innentür des Kleiderschrankes oder am Spiegel des Badezimmers? Die Wünsche sollen sich so fest Ihrem Unterbewusstsein einprägen, dass sie zu einem klaren Ziel werden, welches Sie einfach erreichen müssen!

„Ans Ziel kommt nur, wer eines hat."

Martin Luther

Diese Übung ist zusätzlich wichtig, um unsere persönlichen Ziele klarer zu definieren. Sie müssen wissen, warum Sie etwas tun wollen. Wozu Sie sich anstrengen. Welche Zwischenstufen es zu erreichen gilt. Deutliche Ziele und die dazugehörigen Hintergründe helfen nämlich auch, die Motivation langfristig zu gewährleisten. Denn ohne Motivation schaffen wir es nicht, schnellen Schrittes das „mal wieder"-Land zu verlassen, um im Hier und Jetzt ankommen zu können.

4.2 Raus aus dem „mal wieder"-Land

Ihnen ist das „mal wieder"-Land unbekannt? Das glaube ich nicht! Ich bin sicher, dass jeder, der dieses Buch liest, eine der folgenden Aussagen kennt und sich somit ganz eindeutig in besagtem Territorium befindet:

– Ich sollte mal wieder meine beste Freundin anrufen.
– Wir müssten mal wieder etwas zu zweit ohne Kinder unternehmen.
– Ich komme mir vor wie ein Taxiunternehmen für meine Kinder.
– Ich sollte mal wieder die Oma besuchen.
– Unsere Zeitungen sollten endlich mal wieder gelesen und verräumt werden.
– Wann ich zuletzt etwas für mich getan habe? Keine Ahnung, müsste ich mal wieder.

Die Liste wäre endlos, würden wir es nicht bei diesen wenigen Beispielen belassen. Wahrscheinlich könnten es auch Ihre Antworten auf obige Frage sein (was Sie mit Ihrer gewonnen Zeit machen werden). Zusätzlich steht daneben vermutlich noch der Kleiderschrank, der mal wieder ausgemistet werden muss, das Balletröckchen, das darauf wartet, geflickt zu werden, und vieles mehr. Dabei überhäufen wir uns wieder mit Alltagsaufgaben, Reparaturen oder Ablagesystemen. Doch sind dies wirklich die Aufgaben, die auf einer solchen Liste stehen sollten? Möchten Sie Ihre Zeit wirklich dazu nutzen, endlich die Aktenordner der letzten vier Jahre auszusortieren? Wir neigen dazu, Dinge, die uns zwar am Herzen liegen und somit wichtig, aber nicht dringlich sind, zur Seite zu schieben und die vermeintlich dringenden Aufgaben sofort zu erledigen. Aber wäre es nicht sinnvoll, die gewonnene Zeit für eben jene Herzensangelegenheiten zu nutzen?

Ich bitte Sie nun nicht, sich eine schwere Krankheit vorzustellen, die Ihre Restlebensdauer stark verkürzen könnte. Doch sind es gerade diese Gedanken oder unerwartete Ereignisse wie der Unfalltod eines gleichaltrigen Freundes, die uns dabei helfen, unsere wahren Werte und Ziele zu entdecken. Und genau für diese Ziele lohnt es sich, Ihre wertvolle Zeit zu investieren und sie sich nicht länger von Zeiträubern abluchsen zu lassen. Und schon sieht die Liste ganz anders aus und enthält viele persönliche Vorsätze und Wünsche: meinem Partner häufiger sagen, dass ich ihn liebe, statt ihn wegen Kleinigkeiten zurechtzuweisen, die eigene Mutter zu einem gemeinsamen Wochenende einladen und mehr über sie erfahren, mit meinen Kindern spielen, statt den Haushalt hygienisch rein zu halten, lieber mit Freunden ausgehen oder gemeinsam kochen, statt vor dem Fernseher zu versauern, mich um eine neue Arbeitsstelle bemühen und Bewerbungen schreiben, statt mich weiter mobben zu lassen, endlich das Buch schreiben, das in meinen Gedanken heranreift, statt eine weitere Sportart zu erlernen, und vieles mehr.

ERFAHRUNGSBERICHT Aus eigener Erfahrung kann ich bestätigen, dass schwere Krankheiten wie etwa Krebs das eigene unscheinbare Leben nachhaltig beeinflussen. Auch wenn man an dieser schlimmen Krankheit nur entlangschliddert, die grausamen Erfahrungen einer Chemotherapie selbst nicht durchstehen muss, so ändert sich doch der eigene Gedankenprozess. Die Verwendung von Zeit erhält eine andere, ja gewichtigere Bedeutung. Doch irgendwann, wenn man den ersten Schrecken überwunden hat, wenn Wunden langsam wieder beginnen zu heilen, schleichen sich alte Verhaltensweisen leise und unbemerkt wieder ein. Sobald mir dies bewusst wird, überdenke ich mein Dasein, meine Ziele und mein Verhalten. Richte mich und mein Leben neu aus und konzentriere mich wieder bewusst auf die Dinge, die auf meiner ganz persönlichen Herzensangelegenheiten-Liste stehen.

Fangen Sie noch heute an und gehen Sie den ersten Schritt raus aus dem „mal wieder"-Land!

Solange wir jedoch von täglich von Aufgaben überflutet werden und lange Listen uns beängstigen, werden wir in unserem Tun verlangsamt oder gar gehemmt. Vielleicht kennen Sie das Gefühl, auf der Stelle zu treten: Nichts rührt sich und kein sichtbarer Erfolg stellt sich ein, und obwohl man rackert und schuftet, kann man abends nicht mehr sagen, was man bereits alles getan hat. Dies ist jedoch häufig ein Trugschluss, denn bedenken Sie an dieser Stelle bitte, dass Erfolg auf vielfältige Art und Weise definiert werden kann. Hören wir das Wort Erfolg, denken wir automatisch an Karriere, beruflichen Aufstieg, Reichtum, Schönheit und sonstige Statussymbole. Dabei dürfen wir aber einen ganz wichtigen Erfolgsmesser nicht vergessen: unser persönliches Glück.

Im Zeichen des Erfolgs

- Ein freudestrahlendes Kinderlachen zeigt einer Mutter, wie erfolgreich sie ist.
- Ein stolzer Ehemann macht unseren Erfolg sichtbar.
- Erhalten Sie im Notfall viel Unterstützung aus Ihrem Freundeskreis, haben Sie in der Zeit vorher mit Sicherheit viel richtig gemacht.
- Leergegessene Teller und lobende Worte sind ein Erfolgszeichen für jede Köchin.
- Ein stabiles Netzwerk steht für Ihren Erfolg.
- Sie schauen in den Spiegel und sind mit sich im Reinen und zufrieden? Na, wenn das kein Erfolg ist!

Sie werden hoffentlich bereits festgestellt haben, dass Sie schon heute ein erfolgreicher Mensch sind. Nun möchte ich dazu beitragen, dieses Gefühl und auch die zukünftige Umsetzung in die Praxis zu verbessern und weiterhin zu stärken. Deshalb möchte ich Ihnen ein einfaches Prinzip vorstellen, das für eine Teilnehmerin meiner Seminare eine der erfolgversprechendsten Regeln ist, um dem Sumpf der alltäglichen Aufgaben zu entkommen: das Pareto-Prinzip.

Das Pareto-Prinzip

Vilfredo Pareto, der italienische Ingenieur, Soziologe und Ökonom (1848–1923) hat bei seinen Untersuchungen eine Grundregel aufgestellt, die wie folgt definiert wird:

Pareto-Verteilung

Die Pareto-Verteilung beschreibt das statistische Phänomen, dass eine kleine Anzahl von hohen Werten einer Wertemenge mehr zu deren Gesamtwert beiträgt als die hohe Anzahl der kleinen Werte dieser Menge.

$$f(x) = \begin{cases} \dfrac{k}{x_{min}} \left(\dfrac{x_{min}}{x}\right)^{k+1} & x \geq x_{min} \\ 0 & x < x_{min} \end{cases}$$

Eine stetige Zufallsvariable X heißt Pareto-verteilt Par(k,xmin) mit den Parametern K > 0 und xmin > 0, wenn sie die Wahrscheinlichkeitsdichte besitzt.

Alles klar? Nicht, dass wir Frauen mit mathematischen Formeln ein Problem hätten, nein! Dennoch wäre es vielleicht angebracht, die Regel in ein paar einfache Worte zu kleiden, die wir als kommunikative Wesen schneller aufnehmen und umsetzen können. Hier ein Versuch: Die Pareto-Regel sagt aus, dass man mit wenig Aufwand viel erreichen kann. Oftmals genügen 20 % des Einsatzes, um 80 % des Ergebnisses zu erzielen. Dies heißt aber auch, dass 80 % des Aufwandes (Zeit, Energie, Waren) nur 20 % des Erfolgs (Produktivität, Umsatz, Wertschöpfung) bringen.

> Ein paar Beispiele aus der Praxis: 20 % der Waren im Supermarkt sorgen für 80 % des Umsatzes. Das bedeutet, dass satte 80 % der Waren lediglich 20 % des Umsatzes ausmachen. 80 % des Umsatzes werden mit 20 % der Kunden erzielt. 80 % der Kunden bringen lediglich 20 % des Umsatzes.

Für unser Zeitmanagement bedeutet dies:

80 % der eingesetzten Zeit bringen 20 % der Ergebnisse oder eben 20 % der eingesetzten Zeit bringen 80 % der Ergebnisse. Mit dieser Erkenntnis wird uns auch klar, warum wir das Gefühl haben, mit unseren täglichen „Kleinkram-Aufgaben" nicht richtig von der Stelle zu kommen. Denn diese 80 % Arbeitsaufwand bringen uns unserem Ziel nur 20 % näher. Daher heißt es ab jetzt, die nötigen 20 % zu suchen, die uns zu 80 % der Zielerreichung führen.

Wie der Fernseher Zeit sparen kann

Der einfachste Tipp, Zeit zu sparen und an bedeutsamen Zielen zu arbeiten, ist: Stellen Sie den Fernseher ab! Auch Ihre Familie wird davon profitieren, wenn die Flimmerkiste aus bleibt. So können Sie problemlos einen der häufigsten Zeitwünsche realisieren und mehr Zeit mit Ihrer Familie verbringen. Ein gemeinsames Brettspiel kann unglaublich bereichernd sein und vor allem glücklich machen. Bleibt der Fernseher bewusst aus, sollte der Blick auf Ihre Wunschliste wandern. Suchen Sie sich einen besonders wichtigen Punkt heraus und arbeiten Sie beständig an dessen Umsetzung. Vieles geht nicht von heute auf morgen, doch Sie werden erstaunt sein, was man alles bewirken und bewegen kann, wenn man die leeren Fernsehstunden in die Zielumsetzung investiert. Die Zinsen aus Glück, Zufriedenheit und Erfolg erhalten Sie schon bald. Diese 20 % Zeitaufwand durch unterlassenes Fernsehen bringen satte 80 % Erfolg. Wenn das kein Grund ist, die Desperate Housewives mal Hausfrauen sein zu lassen, die Fragen von „Wer wird Millionär" mal in Form des dazugehörigen Brettspiels zu beantworten und das Familienabenteuer XXL in der eigenen Familie zu erleben.

Die schnelle Runde

Ein weiteres gutes Beispiel für das Pareto-Prinzip ist meine schnelle Runde, die sich ganz leicht in den Alltag einbauen lässt. Wenn Sie sich in Ihrer Wohnung umschauen, dann sind es oft Kleinigkeiten, die eine gewisse Grundordnung stören. Und eben jene Kleinigkeiten in Ordnung zu bringen hilft, sich in kurzer Zeit sehr viel wohler zu fühlen.

ÜBUNG Starten Sie den Versuch und betrachten Sie Ihr Schlafzimmer mit ungemachten Betten. Die Decken liegen kreuz und quer auf dem Doppelbett, hängen vielleicht sogar bis auf den Boden wie heraushängende Zungen erschöpfter Hausfrauen. Die Kissen sind verknautscht, alles wirkt unordentlich. Wie erscheint Ihnen das Zimmer jetzt? Merken Sie sich Ihren Eindruck und beginnen Sie nun das Bett zu machen. Nur das Bett! Decken und Kissen werden ausgeschüttelt und gerade gerückt. Nun blicken Sie erneut in diesen Raum. Und? Wie schaut er aus? Wie fühlen Sie sich?

Ich bin sicher, Sie stellen fest, dass diese eine Handlung den Raum gleich um ein Vielfaches ordentlicher aussehen lässt. 20 % Aufgaben- und Zeitaufwand bringen 80 % Ergebnis. Ähnlich verhält es sich mit der Wolldecke, die quer über dem Sofa liegt, dem Bügelbrett, das ungenutzt den Raum dominiert, den Schuhbergen, höher als der Mount Everest, im Eingangsbereich der Wohnung. Haben Sie eine offene Küche, die an das Wohnzimmer angrenzt? Halten Sie die Küche sauber, und schon erscheinen beide Räume in besserem Glanz. 20 % Aufwand = 80 % Ergebnis. Probieren Sie es aus, suchen Sie Ihre ganz persönlichen 20 %. Und genau jene Aufgaben erledigen Sie in einer schnellen Runde. Die Betten werden selbstverständlich in der Früh gemacht, doch häufig erhalte ich das Feedback, dass eine abendliche Runde sinnvoller sei. Räume man morgens auf, habe man spätestens am Abend das Gefühl, alles sei umsonst gewesen, und trage all die offenen Aufgaben mit unter die Bettdecke. So wird erholsamer Schlaf schon in der Entstehung gehemmt, da die Gedanken um die noch offenen Aufgaben kreisen. Erledigen Sie jedoch abends Ihre 20 %, so können Sie beruhigt einschlafen. Lassen Sie den Tag mit einem guten Gefühl hinter sich, und schon können Sie auch morgens hektisch oder überraschend aufbrechen, mit dem im wahrsten Sinne des Wortes reinen Gewissen. Die Wohnung ist für den nachmittäglichen Besuch der Schwiegermutter durch die abendliche Runde ja bereits vorbereitet. Ein weiterer Vorteil ist, dass man aus der schnellen Runde ein Ritual für alle Familienmitglieder machen kann. Schon kleine Kinder werden einbezogen, indem sie die Kuscheltiere wieder an den Stammplatz zurückstellen, Playmobil-Kisten eingeräumt und die herum liegenden Klamotten zur Wäschetonne getragen werden.

TIPP Haben Sie mehrere Kinder, können Sie sogar einen Wettbewerb daraus machen. Wer schneller die Bücher sortiert, wer mehr Sockenpaare aus dem Wäschekorb zusammenlegen kann und und und. Seien Sie kreativ und vor allem: Vergessen Sie Ihren Mann nicht!

Auch Ihr Mann kann mit ein paar Handgriffen dazu beitragen, Ordnung zu schaffen. So gehört der Laptop aufgeräumt in die Tasche, das Werkzeug nach Gebrauch wieder in den Keller und seine Zeitschriften aus den fünf verschiedenen Abos gelesen oder zumindest verräumt. Für dieses Ritual braucht man keine langen Listen, keine Prioritäten, keine komplizierte Planung. Nur ein wenig Routine und Konsequenz!

Die schnelle Runde durchs Büro

Ähnlich sinnvoll ist eine solche Angewohnheit natürlich auch im Büro. Bevor Sie Feierabend machen, legen Sie die Unterlagen des Tages ab, aktualisieren Sie den Terminkalender für morgen, räumen die schmutzigen Kaffeetassen weg und legen die Vorgänge für den kommenden Tag bereit. Auch hier können 20 % Aufwand die Arbeit um 80 % erleichtern. Und das Tolle ist: Es funktioniert überall und in jedem Beruf. Die Floristin, die ihre Blumen im Verkaufsraum wieder arrangiert, die Assistentin, die ihren Schreibtisch aufräumt, oder die Physiotherapeutin, die ihr Massageöl auffüllt, saubere Handtücher bereitlegt und den kommenden Tag vorbereitet: alle profitieren von einer schnellen Runde. Nutzen auch Sie diesen Effekt!

Selbstverständlich sind auch viele andere Elemente des klassischen Zeitmanagements sinnvoll und sowohl im Beruf wie im Familienleben einsetzbar. Eine liebe Freundin ermahnte mich jedoch: „Wehe, du forderst uns auch noch auf, irgendwelche Aufgabenlisten zu schreiben und abzuhaken." Die Aufforderung, eine Wunschliste für Zeitüberschuss zu schreiben, wird sie mir wohl verzeihen. Um Tagesplänen, Lebensvisionen und To-do-Listen nicht zur fixen Aufgabe für Sie zu machen, sie aber dennoch zu integrieren, habe ich für all die Ideen des Zeitmanagements ein Abc erstellt. Ich stelle Ihnen, liebe Leserin, lieber Leser nun frei, welche Ratschläge Sie nutzen möchten und für sich selbst als sinnvoll ansehen. Ich empfehle jedoch allen: Probieren Sie alle Tipps einmal aus, um überhaupt entscheiden zu können, ob sie zu Ihnen passen oder nicht!

4.3 Top Tipps

Zeitmanagement-Abc für Büro und Kinderzimmer

A: Aufschieberitis. Wir umgehen oftmals diverse Aufgaben auf abenteuerlichste Art und Weise. Stellen Sie sich auch den schwierigen Aufgaben, denen, die Angst machen oder lange dauern, Sie herausfordern oder einfach nur langweilig erscheinen. Sie werden erkennen, nur unerledigte Aufgaben belasten.

B: Besucher. Mit der schnellen Runde sind Sie für Spontanbesuch gewappnet. Durch gelegentliches Neinsagen, wenn es gerade nicht passt, erwischen Sie zusätzliche Zeitdiebe. Wenn der Besuch Freude bereitet, genießen Sie ihn und verabschieden Sie sich davon, immer perfekt sein zu wollen und den selbstgebackenen Kuchen sowie den überarbeiteten Projektplan servieren zu müssen.

C: Charme. Nutzen Sie Ihren Charme und Ihre Überzeugungskraft, um Nein zu sagen und Aufgaben zu delegieren, und schon müssen Sie nicht mehr im Kommandoton den Feldwebel spielen.

D: Delegieren. Überlegen Sie genau, welche Aufgaben Sie anderen übertragen können. Achten Sie darauf, auch die Verantwortung weiterzugeben. So sparen Sie nicht nur Zeit, sondern können Kinder und Kollegen motivieren und fördern.

E: Eisenhower Prinzip. Ordnen Sie Ihre Aufgaben nach den Bereichen: A = dringend und wichtig, sofort selbst zu erledigen. B = wichtig, aber weniger dringend, terminieren. C = dringend, aber nicht wichtig, nach Möglichkeit delegieren. D = geringe Wichtigkeit und Dringlichkeit, überlegen, ob diese Aufgabe in den Mülleimer wandern kann! Dabei werden Sie feststellen, dass die Erledigung einer A-Aufgabe den 20 % entspricht und Sie somit um 80 % zufriedener stimmen kann.

F: Freizeit. Lassen Sie die Freizeit nicht zum Freizeitstress mutieren. Welches Hobby macht wirklich Spaß? Müssen die Kinder jeweils drei Instrumente lernen? Hat der Bauch-Beine-Po-Kurs nach einem 13-stündigen Arbeitstag wirklich Sinn? Suchen Sie sich ein oder zwei passende Hobbys, die Sie mit Liebe und Hingabe ausführen, und verabschieden Sie sich vom Rest. Natürlich sollte Ihre Familie diesem Prinzip ebenfalls folgen.

G: Gruppen bilden. Fassen Sie gleichartige Aufgaben in einem Block zusammen und begünstigen Sie den Arbeitsfluss, der sich daraus ergibt. So hilft es beispielsweise, alle Anrufe und E-Mails am Stück abzuarbeiten, Einkäufe in einem Rutsch zu erledigen und so nur einmal aus dem Haus zu müssen. Bringen Sie Arbeitsschritte miteinander in sinnvolle Verbindung.

H: Hilfe annehmen. Egal ob als Hausfrau, Mutter und/oder als Karrierefrau, wir nehmen ungern Hilfe an und wollen stets allen beweisen, es auch alleine bewerkstelligen zu können. Dem ist bestimmt auch so, aber wenn Sie sich helfen lassen, schaffen Sie es schneller und verlieren dennoch nicht Ihr Gesicht, sondern gewinnen Zeit.

I: Individualität. Nutzen Sie die individuellen Stärken Ihres Teams. Jeder bekommt nach Möglichkeit die Aufgaben, die ihm liegen. Die Arbeit wird mit viel Teambegeisterung, Zeitersparnis und Zufriedenheit erledigt – sowohl am Arbeitsplatz wie auch in der Familie.

J: Ja. Sagen Sie Ja zu hohen Zielen und kleinen Etappen. Sagen Sie Ja zu unliebsamen Aufgaben und dem guten Gefühl, wenn man sie erledigt hat. Sagen Sie Ja zu Hilfeangeboten und denken Sie auch an sich und Ihr eigenes Wohlbefinden. Sagen Sie auch zu Ihren Kindern und Kollegen gerne Ja, ohne Ihr Nein an passender Stelle zu vergessen.

K: Kraft tanken. Vergessen Sie nicht, sich eine Tankstelle zu suchen, die genau den passenden Kraftstoff für Sie bereithält (Partnerwochenenden, Yoga-Kurs, ein neues tolles Buch im Schaumbad, ein Bummel über den Flohmarkt bei Sonnenaufgang, ein gemeinsamer Ausflug mit den Kindern). Nur wenn Sie wieder auftanken, können Sie die volle Leistung bringen und gesparte Zeit sinnvoll neu einsetzen.

L: Listen. Nutzen Sie jede Form von Listen. Egal ob To-do-Liste, Aufstellung für Urlaubsfahrten mit Kindern, Tages-, Monats- oder Jahreslisten und Lebensplanung. Eine schriftliche Fixierung aller Gedanken und Termine erleichtert die Planung und sichert den Überblick. Außerdem ist die Erfolgschance bei schriftlich fixierten Zielen um ein Vielfaches höher!

M: Mind-Mapping. Für jeden der keine Listen mag bietet sich ein so genanntes Mind-Map an. Schreiben Sie in die Mitte eines Blattes das Stichwort, zu dem Sie Dinge notieren möchten, z. B. „Weihnachtsfeier" (egal ob Firma oder Familie). Nun zeichnen Sie von dort einzelne Linien, die Sie beschriften und mit Datum versehen: Weihnachtsmann organisieren, Geschenke kaufen und einpacken, Essensfrage klären. So erhalten die kreativen Chaoten unter Ihnen einen optimalen Überblick – auch ohne Liste.

N: Nein sagen. Überlegen Sie genau, ob Sie jede Bitte, jeden Hilferuf erhören, jede Aufgabe übernehmen müssen. Lernen Sie, öfter Nein zu sagen und Ihre Zeit für die für Sie wichtigen Aufgaben zu nutzen.

O: Ordnung. Achten Sie mit Hilfe des Pareto-Prinzips auf eine gewisse Grundordnung. Den Ordnungsgrad legen Sie dabei selbst fest. Ordnung ist das halbe Leben, Suchen verschwendet die halbe Zeit.

P: Prioritäten setzen. Auch wenn es nicht immer leicht ist, so lohnt es sich, die vielen anfallenden Aufgaben mit Prioritäten zu versehen und stets die wichtigste zuerst anzugehen (siehe auch Eisenhower-Prinzip).

Q: Qualität. Es geht mir nicht darum, Sie zu hektischen kleinen Arbeitern zu machen, die Bombenergebnisse in Bestzeit erbringen, aber nicht mehr auf die Qualität achten. Jede Aufgabe ist es wert, sie so gut als möglich zu erledigen. Also achten Sie bitte nicht nur auf Quantität, sondern auch weiterhin auf Qualität.

R: Rituale & Angewohnheiten. Suchen Sie bewusst nach individuellen Ritualen, die Ihnen die Arbeit erleichtern und Zeit sparen. Wenn Ihr Kind zum Beispiel erst Sandmännchen schauen darf, wenn es aufgeräumt hat und im Schlafanzug auf dem Sofa sitzt, erleichtert dies den Tagesabschluss und den Übergang ins Bett.

S: Selbstorganisation. Achten Sie auf Ihre persönliche Führung, auf Disziplin, Selbstkontrolle, aber auch auf Ihr Wohlergehen und Ihre Gesundheit. Wir müssen die Verantwortung für uns tragen und dabei umsichtig vorgehen. Scheuen Sie sich also nicht, sondern arbeiten Sie daran.

T: Täglich aufs Neue. Lassen Sie sich nicht entmutigen. Auch wenn Sie nun hoch motiviert ans Werk gehen, wird es immer wieder Momente geben, wo die Zeitnot Ihnen ein Schnippchen schlägt. Denken Sie am Abend darüber nach, was schiefgegangen ist und wie eine passende Lösung aussehen könnte. Danach haken Sie den Tag ab. Morgen beginnen Sie aufs Neue, denn jeder Tag verdient es, ein guter Tag zu werden!

U: Unterbewusstsein. Nutzen Sie Ihr Unterbewusstsein, indem Sie klare Ziele definieren und diese schriftlich notieren. Sie werden automatisch zielgerichtet handeln. Konsequentes Handeln wird ab einem gewissen Zeitpunkt von Ihrem Unterbewusstsein belohnt, indem es zum Ritual oder zur Angewohnheit wird. Oder überlegen Sie etwa noch lange, wie Sie Ihre Zähne putzen müssen?

V: Vater, Mutter, Kind. Involvieren Sie die gesamte Familie und/oder Firma in Ihre Zeit- und Zielprojekte. Gemeinsam geht es leichter, jeder ist ein vollwertiges Mitglied der Gemeinschaft, und vor allen Dingen macht es gemeinsam viel mehr Spaß!

W: Wunschliste. Verlieren Sie Ihre Zeitwunschliste nicht aus den Augen. Sie selbst halten viel Zeit für deren Erfüllung bereit.

X: Xylophon. Nicht jeder Ton muss perfekt sein, nicht jede Aufgabe erfüllt, um eine schöne Melodie und ein glückliches Leben erschaffen zu können.

Y: Yeti. Wenn gar nichts mehr geht, ziehen Sie sich wie ein Yeti in eine Höhle zurück. Ein kontrollierter Rückzug kann Energiereserven auffüllen und neue Ideen hervorbringen. Gönnen Sie sich hin und wieder einen „Yeti-Moment".

Z: Zeitdiebe. Legen Sie Zeitdieben das Handwerk. Die ratschende Kollegin, jede eingehende E-Mail, der Plausch mit dem Nachbarn und besagter Fernseher sind auf der Zeitdiebhitliste ganz oben. Entlarven Sie Ihre eigenen Zeitdiebe und legen Sie Ihnen Handschellen an. Sie werden verblüfft sein, wie viel Diebesgut Sie sich zurückholen können.

Über dieses Thema ließe sich so viel sagen, dass man ein ganzes Buch damit füllen könnte. Aus diesem Grund habe ich Ihnen die aus meiner Sicht wichtigsten Elemente herausgefiltert, um Ihnen zumindest den kleinen Anstoß zu geben, den es braucht, um richtig in Fahrt zu kommen.

**Denn nur dann erfüllt ein gutes Zeitmanagement seinen
Zweck: indem es sinnbringend und sinnvoll ist.**

5 Erfolg durch Kreativität & Flexibilität

Kreativität fängt da an, wo der Verstand aufhört,
unbekannt das Denken zu behindern.

Als ich meinen Sohn bei seinem Spiel im Sandkasten beobachtete, dachte ich an obiges Zitat. Aus einem Häufchen Sand wurde eine wundervolle Traumwelt. Häuser, Schluchten, ja ganze Schlösser entstanden aus dem Nichts. Ein paar Stöckchen, Blätter und Steine verwandelten sich in furchtlose Ritter, glänzende Edelsteine und prächtige Schlachtrösser. Ein Wassergraben vervollständigte das Treiben. Keiner bezweifelte, dass eine hübsche Prinzessin in dem matschigen Gebilde wohnte. Niemand schränkte ihn ein und machte damit die unbegrenzten Möglichkeiten zunichte. Wie wunderbar, wie wertvoll. Und vor allem eines: außerordentlich kreativ.

5.1 Was ist Kreativität?

Im Allgemeinen definieren wir Kreativität als die Fähigkeit, phantasiereich zu denken und zu handeln. Individuelle Möglichkeiten, die sich eröffnen, Ideenreichtum sowie Flexibilität und Originalität werden als herausragende Faktoren mit einbezogen. In vielen offiziellen Definitionen spricht man von noch nie da gewesenen Wegen zur Problemlösung. Ausgangspunkt ist also stets eine bestimmte schwierige Herausforderung und das Engagement, diese bestmöglich zu lösen.

Das Wort leitet sich vom lateinischen „creare" ab und bedeutet so viel wie „etwas neu schöpfen, etwas erfinden, etwas erzeugen oder herstellen". Diese Ableitung bringt es dem heutigen allgemeinen Verständnis von Kreativität noch ein weiteres Stück näher und bezieht nun auch die Kunst mit ein. Letztendlich unterscheidet man also zwischen praktischer und künstlerischer Kreativität, wobei die praktische Kreativität sich durch ungewöhnliche Lösungswege für Probleme im Alltag auszeichnet, die künstlerische Kreativität hingegen sich sehr häufig in außergewöhnlichen Bildern, in Musik und Schriftstellerei oder Design wiederfindet.

Kann jeder kreativ sein?

Bei der Recherche und den Vorüberlegungen zu diesem Kapitel habe ich oft darüber nachgedacht, was Kreativität ausmacht und warum zum Beispiel meine Kollegen häufig sagen: „Kannst Du den Aushang gestalten, den Text schreiben, ein passendes Motto finden, du bist immer so kreativ". Irgendwann kam ich zu dem Schluss, dass meine Kreativität eng verbunden ist mit meinem Muttersein. So haben wir zum Beispiel erst vor wenigen Tagen ein großes „Wackelzahnfest" gefeiert. Mancher mag sich nun fragen, was das ist und ob es wirklich nötig ist, ein solches Fest zu feiern. Diese beiden Fragen beantworte ich gerne. Bei der Routineuntersuchung des Kinderzahnarztes wurde meinem Sohn der erste offizielle Wackelzahn attestiert. Er merkte schnell, dass dies im Alter von vier Jahren eine Besonderheit ist, und wollte diese Tatsache entsprechend würdigen. Was liegt also näher als ein Wackelzahnfest (natürlich nur beim ersten

Wackelzahn – das sollten Sie gleich zu Beginn deutlich machen). Wir luden die ganze Familie mit Tante, Oma, Cousine & Co. ein. Meine beiden Männer gingen in der Früh sogar noch Kinderpappbecher, passende Servietten und Teller kaufen, während ich den Raum mit Girlanden dekorierte. Oma ließen wir einen Kuchen mitbringen, abends wurde gegrillt. Wenig Aufwand mit viel Effekt, denn als kleines Gästegeschenk hatte ich eine Zahnbürste mit Minizahnpastatube für jeden besorgt. Schließlich dürfen nur bei Kindern die Zähne wackeln, und damit das den Großen nicht passiert, müssen die Beißer kräftig geputzt werden. Und bei all dem Spaß und der Zusammengehörigkeit, die durch dieses Fest entstand, beantwortet sich die Frage zwei ganz klar mit einem Ja.

Darauf wären Sie nie gekommen? Das ist schon besonders kreativ? Ideenreichtum gehört nicht gerade zu Ihren Stärken? Dann verkennen Sie wahrscheinlich wie viele andere Frauen, dass Kreativität bereits in vielen kleinen Dingen zu finden ist und wir einfallsreicher sind, als wir erahnen. Eine Sekretärin, die ein individuelles Ablagesystem in ihrem Büro einführt, muss oft ein hohes Maß an Einfallsreichtum beweisen und anwenden. Die Elternbeiratsvorsitzende, die einen Herbstmarkt organisiert und in der örtlichen Presse ankündigt, ebenso. Selbst die Oma, die ihren Enkelkindern immer neue Gutenachtgeschichten erfindet und erzählt, ist stets kreativ.

Kreativität ist also überall versteckt. Wir müssen nur von unseren festgefahrenen Wegen abweichen und etwas Neues, anderes tun.

Denn:

**Wenn Du tust, was Du immer tust,
kriegst Du das, was Du immer kriegst.**

Kreativität ist also keine Zauberei und auch nicht auf einzelne Personen oder Berufszweige beschränkt. **Jeder kann kreativ sein!** Denn das Sehen und Nutzen von günstigen Gelegenheiten ist jedem möglich. Oft müssen wir uns gar nicht anstrengen und viel nachdenken, um einfallsreich zu sein. Wir müssen nur mit offenen Augen durch die Welt gehen, manchmal kindlich sein dürfen und Grenzen überschreiten. Eine kleine Änderung des Blickwinkels genügt oft, um aus dieser neuen Sicht unerwartete Ideen zu kreieren. Schauen Sie sich um, lesen Sie viel und hören Sie anderen bewusst zu. Sammeln Sie Informationen zum aktuellen Thema, zu dem Sie kreativ sein wollen, und Sie werden feststellen: Nur wer neue Informationen aufnimmt und den Horizont erweitert, ist bereit, neue Gedanken und Anregungen zuzulassen. Überschreiten Sie wenigstens in Gedanken Ihre eigenen Grenzen. Hier kann Ihnen vorerst nichts passieren und Sie haben die Möglichkeit, das Für und Wider Ihrer Ideen abzuwägen. Doch belassen Sie es nicht nur bei den Gedankenspielereien!

**Ob eine Sache gelingt, erfährst Du nicht, wenn Du
darüber nachdenkst, sondern wenn Du es ausprobierst.**

Ramona Jakobs Kreativitätsformel

Sie müssen auch tätig werden, in Aktion treten und anfangen, Dinge umzusetzen. Wenn Sie noch ein wenig Angst vor großen Veränderungen haben, beginnen Sie im Kleinen. Sehen Sie beispielsweise in Ihrem Unternehmen Möglichkeiten zur Verbesserung, dann reichen Sie Ihren Vorschlag beim betrieblichen Vorschlagswesen ein. Mehr als eine Absage können Sie im negativen Sinne nicht erhalten. Ist Ihre Idee jedoch gut und wird umgesetzt, gibt es zur angegebenen Prämie sogar noch Anerkennung gratis dazu. Ihnen fällt etwas ein, womit Sie Ihr Kind dazu kriegen könnten, beim Zähneputzen keinen Aufstand mehr zu proben? Dann probieren Sie es aus, schlimmer kann es meist nicht werden. Die Angst vor dem eigenen Versagen hält uns oft zurück, wirklich ausgefallene Dinge zu tun. Die Meinung anderer scheint in solchen Momenten gewichtiger zu sein. Glauben Sie mir, auch das Schreiben dieses Buches forderte jede Menge Kreativität und verursachte noch mehr Angst. Deshalb habe ich eine Formel entwickelt, an die ich mich gehalten habe:

Kreativität = Gelegenheit + Aktion – Grenzen

Der Verlag bietet mir die Gelegenheit, mein Ziel – Ihnen wichtige Erfolgsformeln mit auf Ihren Weg zu geben, um Ihnen das Leben zu erleichtern – zu verwirklichen. Also musste ich in Aktion treten und diese Chance annehmen. Dabei war es wichtig, Grenzen zu minimieren oder einfach zu ignorieren. Sagt jemand zu mir: „Was ist denn schon Tolles daran, so ein Buch kann ich auch schreiben", antworte ich ihm: „Na bitte, dann tu es doch!" Was glauben Sie, wessen

Buch erscheinen wird? Ausreden wie „keine Zeit" (ich arbeite als Training Manager, habe mein Kind, meinen Mann und meinen Haushalt zu versorgen) oder „Das kann ich nicht" (woher weiß man das, wenn man es nicht ausprobiert hat) oder „Warum sollte das gerade mir gelingen" (warum nicht) gelten nicht. Schalten Sie den Fernseher aus und den Laptop ein! Kommen Sie raus aus Ihrer Komfortzone und denken Sie grenzenlos. Ich verspreche Ihnen, Sie werden eine Kreativität in Ihnen entdecken, von der Sie nicht mal geahnt haben, dass sie in Ihnen steckt. Und denken Sie daran:

Kreativität = Gelegenheit + Aktion – Grenzen!

ÜBUNG Gehen Sie die nächsten Wochen besonders offen durch die Welt. Lesen Sie Schlagzeilen unter dem Aspekt der Kreativität, hören Sie anderen aufmerksam zu, spielen Sie mit Ideen. Sie tauschen in der Firma das Mobiliar aus? Vielleicht hat ein wichtiger Vertragspartner schon einmal auf diesem besonders schönen Sessel gesessen, ein VIP in ihm gewartet. Holen Sie ein Autogramm ein und versteigern Sie das gute Stück für einen guten Zweck. Eine ausführliche und positive PR ist Ihnen sicher. Ihr Chef braucht einen guten Artikel für die Mitarbeiterzeitung? Trauen Sie sich, recherchieren Sie zum Beispiel zum Thema passende Rekorde und Kuriositäten, und schon haben Sie den Einstieg in eine spannende Materie.

Bei dieser Übung trainieren Sie nicht nur Ihre persönliche Kreativität, sondern Sie stärken zeitgleich Ihre Fehlertoleranz. Denn Sie werden feststellen, dass es sich lohnt, neuartige Dinge einfach einmal auszuprobieren. Wenn Sie kalte Füße kriegen, fragen Sie sich einfach: Was könnte schlimmstenfalls passieren? Denn die Angst vor Fehlern, der Hang zur Perfektion und falsche Glaubensätze hemmen jegliche Form der Kreativität.

5.2 Blockaden überwinden, Kreativität fördern

Im vorangegangenen Abschnitt haben Sie bereits gelesen, dass jeder Mensch ideenreich sein kann und Kreativität keine Fähigkeit ist, die man besitzt oder eben nicht. Doch die besten Kreativitätstechniken, von denen ich Ihnen gleich einige vorstellen werde, sind sinnlos, wenn in Ihrem Kopf die alten Blockaden den Weg zu neuen Ideen versperren. Diese Hindernisse müssen zuerst beseitigt und aus unseren Gedanken vertrieben werden, um Platz für Neues und Kreativität zu schaffen. Aus diesem Grund schauen wir uns zuerst an, was uns regelmäßig hemmt, phantasievoll zu sein:

„Ich traue mich nicht"

Dieses Argument findet man vor allem dann vor, wenn die entsprechende Person Angst vor der eigenen Courage hat und zu fest an bisher Vertrautem hängt. Die eigenen Schranken zu öffnen und neue Wege zu beschreiten, scheint vor lauter Furcht unmöglich.

Öffnen Sie sich! Lassen Sie neue Gedanken und Ideen zu, probieren Sie es aus. Haben Sie wirklich so viel zu verlieren oder besteht eher die Chance, noch deutlich mehr zu gewinnen?

„Mir fehlt die Zeit, um kreativ zu sein"

Nicht selten schieben wir dieses Argument vor, um unseren Komfortbereich nicht verlassen zu müssen und die Bequemlichkeit auch weiterhin zu genießen.

Lesen Sie das Kapitel „Erfolg durch Zeitmanagement und Selbstorganisation" und ich bin sicher, Sie werden die nötige Zeit finden!

„Phantasie und Kreativität ist etwas für Kinder"

Ist das nicht toll? Bewundern wir nicht oft unsere Kinder, wie offen sie sind und wie schnell sie ihren eigenen Lösungsweg finden? Wie ihre Ideen beim Spielen nur so sprudeln und wie viel Spaß das Leben machen kann? Warum sollen nur Erwachsene Vorbild sein?

Lassen Sie sich von Ihrem Kind an die Hand nehmen und erleben Sie Ihre eigene Welt aus einem neuen Blickwinkel. Sehen Sie Ihr Kind als Vorbild und fangen Sie ein, was es Ihnen mitzuteilen hat.

„Das war schon immer so, warum sollte ich es jetzt plötzlich ändern?"

Vielleicht ist Ihr Wunsch nach Sicherheit durch Altbewährtes größer als das Bedürfnis nach Neuerungen. Doch das Leben vollzieht sich einem ständigen Wandel. Nichts steht still, alles ist stets in Bewegung.

Drum sollten auch Sie sich Neuem nicht verschließen, sondern Ideen auf den Weg und Ihre Phantasie in Fluss bringen.

„Was sollen denn die anderen von mir denken?"

Noch immer ist die Meinung anderer häufig wichtiger für uns als der Glaube an uns selbst. Ist das nicht schade?

Lassen Sie die anderen einfach denken, was sie wollen. Sie müssen sich nicht stets dem Umfeld anpassen, im Gegenteil: Erarbeiten Sie sich Aufmerksamkeit und Achtung durch Andersartigkeit und Kreativität. Denn davon können alle profitieren.

„So etwas kann ich niemals schaffen"

Sagen das auch wieder die anderen? Haben Sie es denn überhaupt schon ausprobiert, um so sicher sein zu können? Kinder fallen sehr oft auf die Nase, bevor sie laufen können, aber es würde ihnen nie in den Sinn kommen, zu denken: Das schaffe ich nie.

Nehmen Sie sich auch hier ein Beispiel und probieren Sie es einfach aus.

„Das ist eine Nummer zu groß für mich"

Damit mögen Sie recht haben. Oft schüchtern uns große Ziele ein und wirken wie unser persönlicher Mount Everest.

Wenn dem so ist, brechen Sie das große Ziel auf mehrere Teilziele herunter. Schon ist der Berg nicht mehr so hoch und unübersichtlich, sondern kann Schritt für Schritt erklommen werden.

„Ich kann ja doch nichts ändern"

Auch bei dieser Blockade haben wir Angst, zu versagen, Altbewährtes und somit den Halt zu verlieren. Manche sind enttäuscht, weil vielleicht vorangegangene Ideen nicht umgesetzt wurden oder die gewünscht Veränderung nicht eingetreten ist.

Doch auch hier können Sie nur durch aktives Ausprobieren erfahren, ob Sie nicht doch etwas ändern können. Einen Versuch ist es immer wert, denn selbst die schlechteste Erfahrung ist gut genug, um aus ihr zu lernen!

Es gibt noch viel mehr Denkblockaden, als wir hier auflisten können. Darum ist es umso wichtiger, dass Sie sich Ihren ganz persönlichen Ängsten und Hindernissen stellen und sie ergründen. Stoßen Sie auf unterschwellige Hindernisse, lohnt es sich, einen Moment innezuhalten und nach den Gründen zu suchen. So werden Sie einen passenden Lösungsweg finden und Ihre eigenen Schranken durchbrechen. Und was sind Sie, wenn Sie neue Lösungswege finden: kreativ!

Da wir uns nun unserer Blockaden bewusst sind und auch Wege kennen, sie zu umgehen oder gar zu beseitigen, möchte ich Ihnen noch drei Kreativitätstechniken mit auf den Weg geben. Selbstverständlich gibt es weitaus mehr Möglichkeiten. Ich beschränke mich jedoch ganz bewusst auf diese Vorgehensweisen, da sie besonders gut im Familienalltag sowie im Beruf anwendbar sind. Was nutzen Ihnen Techniken, für die Sie mindestens vier Gruppen à sechs Personen benötigen? Nichts. Genau. Deshalb hier die gängigsten drei.

5.3 Kreativitätstechniken für den privaten sowie den beruflichen Alltag

Mind-Mapping

Nehmen Sie sich ein leeres Blatt Papier und notieren Sie in der Mitte Ihr Problem oder das Thema, zu dem Sie neue Ideen suchen. Dies könnten zum Beispiel eine Feier, ein Referat, ein Slogan für das neueste Produkt Ihrer Firma oder das Motto für das diesjährige Kindergartenfest sein.

Nun notieren Sie um den Begriff herum alle Dinge, die Ihnen spontan einfallen – ohne Grenzen und voreilige Wertung. Wenn Ihnen etwas besonders gut gefällt, schreiben Sie es einfach sehr groß oder markieren Sie es farbig. Aber auch jeder noch so abwegige Gedanke ist es wert, notiert zu werden, denn wäre er tatsächlich so abwegig, wäre er Ihnen gar nicht erst gekommen. Denken Sie auch darüber nach, wie es andere Firmen, Familien oder Organisatoren bisher gemacht haben und ob Sie die eine oder andere Idee einfach übernehmen können. Notieren Sie Daten, Reime, Namen und Zahlen. Sie werden sehen, das leere Blatt wird schneller als gedacht zur bunten Ideenwiese. Nun müssen Sie nur noch Ihren persönlichen Strauß pflücken, ihn in das seidige Papier einer guten Präsentation hüllen und Ihrem Chef, Partner oder den Beiratsmitgliedern in Form einer ansprechenden Vorstellung der Idee überreichen.

Brainstorming

Brainstorming ist eine wundervolle Ideenfabrik, die sich sowohl in Unternehmen wie auch in Familien einer großen Beliebtheit erfreut. Hierzu setzen sich Teilnehmer mit den unterschiedlichsten Vorkenntnissen und Fähigkeiten zusammen, um sich einer bestimmten Fragestellung zu widmen. Die Gruppe ist individuell auf das Thema abgestimmt. In der Familie ist jedes Familienmitglied am Tisch willkommen. Lassen Sie niemanden aus, denn auch die Kleinsten haben ein Recht darauf, angehört zu werden, und bringen aufgrund ihrer grenzenlosen Kreativität oft wundervolle Ideen in die Gesprächsrunde ein. Möchten Sie ein abteilungsinternes Problem lösen, ist es ratsam alle betroffenen Kollegen zu involvieren. Wollen Sie hingegen einen neuen Werbeslogan entwickeln oder ein neues Dienstleistungskonzept auf den Weg bringen, ist es sinnvoll, die Gruppe bunt zusammenzustellen. Unterschiedliche Werdegänge, Spezialisierungen und die verrücktesten Freizeitbeschäftigungen aller tragen dazu bei, ungewöhnliche Ideen auf den Tisch zu bringen, die eine homogene Gruppe nie hätte erarbeiten können. Diese Form eignet sich also besonders gut für Gruppenentscheidungen und Familienlösungen.

Visualisierung

Tagträumen Sie! Ja, Sie haben richtig gelesen. Ich fordere Sie auf, sich Ihre Ziele, Ihre Strategien, ja sogar Ihre bisher unbekannten Lösungen aktiv vorzustellen, sie sozusagen zu träumen. Vielleicht sollten Sie nicht mit starrem Blick am Schreibtisch sitzen, während Ihre Kollegen vor Stress auf und ab rennen. Ihre Tagträume nicht im Straßenverkehr oder beim aktiven Spiel mit Ihren Kindern ausleben. Doch seien Sie offen und nutzen Sie jede Gelegenheit, und wenn es die letzten Minuten vor dem Einschlafen sind. Denken Sie stets positiv und malen Sie sich aus, wie alles ablaufen könnte. Drehen Sie Ihren eigenen Film. Wenn Ihnen einzelne Sequenzen nicht gefallen, können Sie diese löschen und neu aufnehmen. Ist das nicht herrlich! Sie werden erstaunt sein, welche Wege Ihre Gedanken gehen werden und welche Lösungen Sie bereits in sich tragen. Probieren Sie es aus!

5.4 Kreativität zu Hause

Kreativität in der Praxis mit Kindern

Besonders im Umgang mit Kindern ist Einfallsreichtum und Phantasie gefragt. Lerninhalte, Werte und Grundregeln des Familienlebens lassen sich spielerisch einfacher und für Kinder einprägsamer vermitteln. Hier ein paar phantasievolle Ideen für die Familie und Beruf, die Sie selbst beliebig erweitern können. Diese Beispiele dienen lediglich als kleine Anregung, um aufzuzeigen, wie vielfältig der Umgang mit Situationen sein kann. Auch in diesen Fällen gilt es, stets den für Sie persönlich geeigneten Weg zu finden. Als Autor kann und möchte ich keine fixen Vorgaben machen, die vielleicht gar nicht auf Sie und Ihre persönliche Situation passen. Ich bitte Sie daher, sich Ihren Herausforderungen offen zu stellen und ihnen vorurteilslos und einer Portion Humor zu begegnen. Hier nun ein paar Anregungen:

Aufräumen

Noch immer ist das Aufräumen der heimischen Kinderzimmer ein Tauziehen zwischen Eltern und Nachwuchs. Selten klappt es diskussionslos. Statt zu diskutieren sollten Sie lieber spielen! Ja, machen Sie ein Spiel daraus: Das Kinderzimmer wird am Abend mit Hilfe einer Eisenbahn aufgeräumt, deren Motor die kleinen Kinderbeine sind. Diese Bahn sammelt die Kinderspielzeuge in jedem Zimmer ein und lädt sie an den entsprechenden Bahnhöfen (Regale, Schubladen, Kisten und Kästen) wieder ab. So einen Zug kann man leicht aus einem großen Schuh- oder Pappkarton basteln. Ihnen fällt an einem regnerischen Nachmittag nichts ein? Bemalen Sie das gute Stück und basteln Sie evtl. sogar mit Watte einen rauchenden Schornstein daran. Geräuschvoll zischt so der Aufräumzug durchs Haus.

Weihnachten und andere Feierlichkeiten

Auch an Weihnachten und zu Geburtstagen ist es nicht immer einfach, persönliche und kreative Geschenke für die Lieben zu finden. Viele machen es sich schwer, obwohl es doch oft so leicht sein könnte. Wer während der anderen elf Monate bereits offen durchs Leben geht und mit Empathie (siehe Kapitel Kommunikation) auf die Wünsche der anderen eingeht, erhält oft schon im Voraus gute Ideen. Hätten Sie einem 30-jährigen Mann die Sonderedition von „Beverly Hills 90210" geschenkt? Wahrscheinlich nicht. Doch wenn man ihm genau zugehört hat, weiß man, dass diese Serie ein Teil seiner Jugend war. Dieses Geschenk wird also als kreativ und persönlich empfunden, obwohl es den Schenkenden keine Mühe und Gedankenstürme gekostet hat. Hören Sie also gut zu, kaufen Sie frühzeitig ein und lassen Sie sich nicht stets von der Plötzlichkeit des 24.12. überraschen. Meist werden wir Frauen zusätzlich von allen Seiten gefragt, was man dem Ehemann, den Kindern oder der netten Kollegin schenken könnte. Je besser Sie aufpassen und je mehr Sie sich im Laufe des Jahres notieren, umso leichter können Sie Auskunft geben.

Highlight-Katastrophen-Spiel

Wenn Sie das Gefühl haben, nicht zu wissen, was Ihre Kinder und Ihren Mann bewegt, alle Parteien der Familie nebeneinander, aber nicht miteinander leben, gibt es ein kleines Ritual, das man schon in sehr frühen Jahren einführen kann. Wenn Sie gemeinsam zu Abend essen, nennt jedes Familienmitglied seinen persönlichen Katastrophenmoment sowie sein Highlight des Tages. Sie werden schnell herausfinden, was den anderen bewegt, und ein Gespräch über die Empfindungen, Ängste und Freuden der Familie wird von ganz alleine entstehen. Nun mag es vorkommen, dass man nicht jeden Abend die Möglichkeit hat, gemeinsam zu essen. Fragen Sie Ihre Kinder zum Beispiel, wenn Sie sie ins Bett bringen. Nutzen Sie dieses Ritual beim sonntäglichen Frühstück oder auf langen Autofahrten. Seien Sie kreativ!

Phantasie ist wichtiger als Wissen,
denn Wissen ist begrenzt!

———— *Albert Einstein*

5.5 Kreativität im Beruf

Doch auch auf beruflicher Ebene sind kreative Mitarbeiter erfolgreicher, weil sie als zugänglicher, flexibler und lernorientierter eingestuft werden. Denn nicht nur ihr Ideenreichtum, sondern auch ihre offene und aufgeschlossene Art helfen dabei, sich selbst, das Team und somit das Unternehmen vorwärts zu bringen. Daher ist es wichtig, dass Sie schon bei der Bewerbung um eine neue Stelle darauf achten, ein wenig „anders" als die anderen zu sein.

Bewerbung

Seien Sie auch beim Wiedereintritt in den Beruf oder aktiver Jobsuche kreativ. Hunderte Bewerbungen kommen unaufgefordert in Unternehmen an, auf eine einzige Stellenanzeige folgen deutlich mehr Anfragen als benötigt. Umso wichtiger ist es, mit Ihrer Bewerbung Aufmerksamkeit zu erregen, die Personalleitung für sich zu gewinnen und einen Termin für ein Vorstellungsgespräch zu erhalten. Das Anschreiben soll überzeugen, im Lebenslauf müssen Ihre Fähigkeiten positiv herausgearbeitet werden. Ein phantasievolles Bild aus dem letzten Urlaub ist hier jedoch nicht angebracht. Aber wie wäre es stattdessen mit einem Schwarzweiß-Foto vom Profi in einem ungewöhnlichen Format? Meinem Exposé zu diesem Buch habe ich beispielsweise stets eine kleine gesicherte Nadel zugefügt. So wollte ich den Lektoren, die unter den vielen Manuskripten die Nadel im Heuhaufen suchen, einen „dezenten" Hinweis geben. Aber Achtung, übertreiben Sie nicht. Ihre Idee muss zum zukünftigen Unternehmen passen!

Vorstellungsgespräch

Auch im Vorstellungsgespräch heißt es: **positiv beeindrucken, ohne negativ aufzufallen.** An dieser Stelle des Bewerbungsprozesses schießen viele Bewerber über ihr Ziel hinaus oder bleiben erschöpft weit vor der Ziellinie liegen. Aus eigener Erfahrung kann ich sagen, dass jeder Personalleiter für ein ehrliches, positives und vor allem gut vorbereitetes Gespräch dankbar ist. Sie sollten sich also stets vorab über das Unternehmen erkundigen. Eine Hausdame, die sich im Kempinski-Hotel Airport München bewirbt, sollte beispielsweise die genaue Anzahl der Zimmer wissen. Woher? Aus den Broschüren, dem Internet oder einem freundlichem Telefonat vorab. Warum? Um zu zeigen, dass man weiß, worauf man sich einlässt, Interesse am Unternehmen bekundet und das Gegenüber wissen lässt, dass man sich ganz bewusst auf diese Stelle bewirbt. Weil es genau das ist, was man tun möchte. Wenn Sie Recherchen über das Unternehmen anstellen, sollten Sie sich gleich auch die eine oder andere Frage notieren, mit der Sie im Gespräch Ihr Interesse bekunden. So ist es Ihnen möglich, Ihr bereits vorhandenes Wissen zu bekunden und die noch offenen Informationen einholen zu können. Jede Personalabteilung hat das Ziel, den richtigen Mitarbeiter für die richtige Position zur richtigen Zeit zu finden. Dies spiegelt sich häufig in der Frage wieder: Warum sollten wir uns gerade für Sie entscheiden? An dieser Stelle hat der gut vorbereitete Kandidat eine Auswahl an Gründen parat, die er selbstbewusst, aber nicht überheblich präsentieren kann. Damit kann er punkten und macht die Einstellung nicht mehr von Glück und Zufall abhängig.

Das Ideen-Journal

Doch mit den Ideen ist das bekanntlich so eine Sache. Sie kommen meist dann, wenn man nicht mit Ihnen rechnet, ja wenn man sie gar nicht gebrauchen kann. Zum Beispiel mitten auf der Autobahn, wo eine Notiz unmöglich ist, beim Spaziergang mit der Familie ohne Stift und Papier sowie unter der Dusche, beim Joggen, während des Einkaufsbummels oder kurz vor dem Einschlafen? Wenn Ihnen das häufig passiert, kann es bereits helfen, einen Block mit kleinem Stift ans

Bett, in die Handtasche oder neben die Badewanne zu legen. Im Auto und beim Joggen hilft ein Aufnahmegerät, welches heutzutage bereits häufig in den gängigen Handys und Mp3-Playern integriert ist. Nutzen Sie diese Momente und begeben Sie sich ruhig häufiger in Situationen, in denen Ihnen oft Ideen kommen. Legen Sie sich ein Ideen-Journal an, in das alle Gedanken und Einfälle notiert werden. Vielleicht benötigen Sie die Idee nicht heute, aber schon morgen könnte sie wichtig sein. So geht nichts verloren und Speicherplatz im Gehirn wird durch das Aufschreiben frei gemacht. Wenn der Einfall aber benötigt wird, bleiben Blatt und Bildschirm leer? Die Gedankenfabrik scheint sich im Streik zu befinden? Machen Sie eine Pause, gehen Sie um den Block, holen Sie sich einen Kaffee und reden Sie kurz mit dem Kollegen. Oder der passende Gedanke kommt beim Abwasch, Bügeln, Wäscheaufhängen oder er steht bereits in Ihrem Ideen-Journal?

Auch in diesem Fall kann ich Ihnen leider nur einige Anregungen mit auf den Weg geben, da die Menge an Möglichkeiten ein weiteres Buch füllen würde. Ich hoffe jedoch sehr, dass es Ihnen gelingen wird, diese Ideen auch in anderen Bereichen Ihres Lebens umsetzen zu können.

Alles Einstellungssache

Wie so oft entscheidet auch im Fall von Kreativität Ihre persönliche Einstellung immens über Ihren Erfolg. Können Sie Veränderungen in Gang setzten, wenn Sie überzeugt sind, es sollte alles so bleiben, wie es ist? Können Sie überraschen, obwohl Sie Neuerungen verabscheuen? Können Sie querdenken, wenn Sie unflexibel sind? Nein! Was können Sie also tun, um Ihre Kreativität zu verbessern? Nutzen Sie meine Top Tipps und setzen Sie die in diesem Kapitel angesprochenen Ratschläge um.

5.6 Top Tipps für Kreativität

- Die Bereitschaft zu Veränderungen und Innovation – wer will, dass alles beim Alten bleibt, wird keine neuen Ideen finden.
- Der Blick über den Tellerrand hinaus – oft liegt die Lösung näher, als man denkt.
- Loslassen können – gönnen Sie sich eine Pause, gehen Sie einen Kaffee holen, wenn Sie seit vielen langen Minuten in die Leere vor Ihnen starren und kein passender Gedankengang kommen will. Lassen Sie Ihre Gedanken schweifen.

Vertrauen Sie sich und Ihren Fähigkeiten und seien Sie bereit, es einfach einmal auszuprobieren!

Und vergessen Sie vor allem nicht:

Kreativität = Gelegenheit + Aktion – Grenzen!

6 Erfolg durch Risikobereitschaft & Entscheidungsfreude

Die größte Fehlentscheidung ist,
keine Entscheidung zu treffen!

Management-Weisheit

6.1 Den „Entscheidungsmuskel" trainieren

Es scheint mir eine Ewigkeit her zu sein, als ich noch voller Vorfreude und Euphorie in einem kleinen klapprigen Flieger durch die Wolkendecke stieß, um mich wenige Augenblicke später an einen fremden Mann gekettet aus dem Flugzeug zu stürzen. Tandem-Fallschirm-Springen war aufregend, gewaltig, ein absoluter Adrenalinschub und doch zur selben Zeit der perfekte Ausgleich für Stress und Ärger. Als besonders riskant habe ich es nie empfunden. Genauso wenig wie die Ausflüge zum Wildwasser-Rafting, Canyoning in tiefen Schluchten oder den Bungeesprung in 50 m Tiefe. Nichts konnte rasant, hoch oder ungewöhnlich genug sein.

Heute bin ich Mutter und bekomme schon einen erhöhten Blutdruck, wenn mein Kind auf seinem kleinen Fahrrad ins Schlenkern gerät oder mir freudestrahlend vom höchsten Punkt des Klettergerüstes zuwinkt. Ein beruflicher Wechsel ist nun kein Abenteuer mit enormen Zukunftschancen mehr, sondern eine Gefahr für die gesicherte Ernährung der Familie. Die eigene Risikobereitschaft hat sich also mit einem Schlag verändert und ganz neue Züge angenommen, die uns gelegentlich den Atem rauben. Zeitgleich mit der Steigerung des Risikos sinkt unsere Entscheidungsfreude rapide. Unser Verantwortungsbewusstsein sendet die Botschaft aus, lieber vorsichtig zu sein und keine voreiligen Entscheidungen zu treffen. Wir humpeln schwerfällig unsere nächsten Schritte, statt sie mit Elan anzugehen. Unsere eigene Komfortzone, in der wir uns sicher und wohl fühlen, wird kuscheliger und enger, als uns lieb sein sollte. Unser Leben scheint trotz ständigen Termindrucks und hohen Organisationsaufwands in den Familien an Geschwindigkeit zu verlieren. Wir hetzen durch die Welt und bleiben am Ende des Jahres erstaunt vor dem flirrenden Feuerwerk stehen und wundern uns, dass sich nichts getan hat. Meist wurden die Vorsätze und großen Träume der letzten Jahreswechsel nicht im Ansatz realisiert. Wir treten auf der Stelle.

Doch das muss nicht sein! Wer seinen Entscheidungsmuskel trainiert und wieder ein wenig Spannung und damit verbundenes Risiko in sein Leben integriert, geht seinen Zielen und innersten Wünschen mit großen Schritten entgegen. Liebe Leserinnen, ich möchte an dieser Stelle selbstverständlich nicht behaupten, dass unser aller Leben langweilig wird und Kind und Kegel unsere Zielerreichung hemmen! Schließlich ist eine glückliche Familie absolut erstrebenswert, und Ziel dieses Buches ist es ja gerade aufzuzeigen, dass man auf beiden Ebenen gleichzeitig erfolgreich sein kann! Schon allein die Tatsache, ein Kind aufzuziehen, die lebenslängliche Verantwortung für diesen Menschen zu tragen, beinhaltet ein Risikopotential, welches wir bei der Betrachtung des ersten Ultraschallbildes noch in keiner Weise absehen können. Ich möchte Ihnen deshalb in diesem Kapitel aufzeigen, dass wir unsere eigenen Wünsche und Träume nicht außer Acht lassen sollten, nur weil wir Angst vor Veränderungen haben und Entscheidungen unnötig herauszögern. Denn wie heißt es im Volksmund so schön:

No risk – no fun!

Darum sollten wir uns zu Beginn einmal ansehen, wie risikofreudig wir selbst derzeit sind, was uns daran hindert, ein wenig gewagter zu sein, und warum uns diese Ängste zum einen schützen oder aber hemmen.

ÜBUNG Notieren Sie erst einmal grob auf einem weißen Blatt Papier, was Risiko für Sie bedeutet. Sie können die Form des Mind-Mappings nutzen. Hierzu schreiben Sie in die Mitte des Blattes das Wort Risiko und lassen dann sämtliche Ideen davon abzweigen. Notieren Sie alles, ohne Wertung. So könnte sich dann eine recht große Sammlung an Situationen ergeben. Beantworten Sie nun die Frage, warum Ihnen all die Dinge, die Sie notiert haben, so gefährlich erscheinen.

Bei Befragungen in meinen Seminaren erhielt ich häufig folgende Antworten auf die Frage, was für die Teilnehmer riskant sei:

— Arbeitslosigkeit,
— mein Kind alleine zur Schule gehen lassen,
— die ersten Fahrten des „Kindes" im eigenen Auto,
— ein Stellenwechsel,

- ein Umzug in eine andere Stadt,
- Funsportarten,
- eine Flugreise ins Ausland,
- der Schritt in die Selbständigkeit,
- Scheidung.

Die Ergebnisse zeigen es deutlich: Jeder hat seine ganz individuellen Präferenzen, die abhängig von den eigenen Erlebnissen sind. Es gibt also keine pauschale Aussage darüber, was riskant ist oder was nicht. Sehr schnelles Autofahren ist für Michael Schumacher nicht bedrohlich, für einen Fahranfänger schon. Vertragsverhandlungen auf Englisch treiben einem erfahren Geschäftsmann keine Schweißperlen auf die Stirn, einem Junior Manager schon.

Besonders deutlich werden die Unterschiede bei der Betrachtung der Begründungen. Wahrscheinlich werden auch Sie ganz individuelle Ergebnisse notiert haben, mit denen Sie vielleicht vorab noch gar nicht rechnen konnten. Denn häufig meinen wir unsere Motive zu kennen und müssen dann bei genauerer Betrachtung feststellen, dass unser Unterbewusstsein andere Beweggründe für unser Verhalten hat. Wer lange um einen Job gekämpft hat, viele Absagen erhielt und dann überglücklich in das Unternehmen eingestiegen ist, wird weniger leichtfertig neue Wunschpositionen anstreben und Firmenwechsel in Betracht ziehen als Menschen, denen der Jobwechsel bisher stets leichtgefallen ist. Wer in seinem Umfeld viele gescheiterte Existenzen vorfindet, empfindet die eigene Existenzgründung trotz eines vielversprechenden Businessplans als äußerst riskant. Personen aus glücklichen Familienverhältnissen, die in einem festen Freundesverband leben, sind eher bereit, sich auf das „Abenteuer Kind" bewusst einzulassen. Wichtig ist an dieser Stelle für Sie, dass Sie Ihre eigenen Motivationen und Hemmungen ergründen, dass Sie sich mit Ihren Stärken, Schwächen, Ängsten und Hoffnungen ehrlich und intensiv auseinandersetzen, um Blockaden lösen und Ihren persönlichen Wunschtraum mit ausreichender Risikobereitschaft erfüllen zu können.

6.2 Übung macht den Meister

Wir können dementsprechend lernen, mit dem Risiko umzugehen und uns sowohl im privaten wie auch im beruflichen Bereich von Ängsten zu lösen, um Chancen zu erkennen und zu nutzen.

Wenn Sie beispielsweise immer wieder mit einer Situation überfordert sind, Sie Angst vor dem Risiko haben, dann gibt es eine einfache Übung:

ÜBUNG Machen Sie eine Pro-und-contra-Liste. Notieren Sie oben auf dem Blatt das Thema, welches Sie beschäftigt. Zum Beispiel: Ich traue mich nicht, mein Kind alleine zur Schule gehen zu lassen. Nun malen Sie zwei Spalten mit den Überschriften „Pro" und „Contra". Notieren Sie alles, was Ihnen einfällt. Wahrscheinlich haben Sie zu Beginn viel mehr negative Argumente. Doch überlegen Sie auch, was es für Vorteile bringen würde und wie Sie negative Aspekte aus dem Weg räumen könnten. Vorteil wäre in unserem Beispiel, dass Ihr Kind selbständiger wird und Selbstvertrauen durch Ihr Zutrauen erlangt.

Der Nachteil ist Ihre Angst, dass im Straßenverkehr etwas passieren könnte. Überlegen Sie nun, welche Schulwege es gibt und welcher der geeignete ist. Laufen Sie diesen mit Ihrem Kind oft gemeinsam entlang und erklären Sie dabei die Verkehrsregeln, Ampelübergänge, unübersichtliche Kreuzungen etc. Beim nächsten gemeinsamen Gang kann Ihr Kind Ihnen die Besonderheiten selbst erklären, und Sie helfen nur noch unterstützend mit. Ist das negative Argument nun immer noch ausreichend stark? Und liebe Damen, ein „aber trotzdem" reicht hier leider nicht mehr aus. Sie können mit jedem negativen Argument so vorgehen. Überlegen Sie positive Lösungsansätze. Was muss geschehen, damit es weniger beängstigend ist? Greifen Sie dabei nicht zur erstbesten Lösung, vielleicht ist der dritte Gedankengang der entscheidende. Es hilft nicht, die schlechten Gründe zu intensivieren und am Schluss zu kapitulieren, weil ja „eh nichts hilft". Schauen Sie auf Lösungen und positive Verstärker!

Übung macht den Meister! Trainieren Sie im Alltag Ihren persönlichen Entscheidungs- und Risikobereitschaftsmuskel. Es ist gewagt, etwas anderes als die Pizza Funghi beim Stammitaliener zu bestellen? Vielleicht schmeckt es nicht, und bei dem Gericht, welches Sie immer wählen, können Sie nichts verkehrt machen? Wählen Sie bewusst etwas Neues und lassen Sie sich überraschen. Die positiven Gründe sprechen absolut dafür, denn schließlich könnten Sie eine neue Leckerei entdecken und trainieren die spontane Entscheidungsbereitschaft. Negativ ist nur, dass es vielleicht nicht schmeckt – na und? Oder gehen Sie doch gleich mal zum Inder statt immer zum Italiener! Auch wenn es eine Lappalie zu sein scheint, so sind genau diese kleinen Momente im Leben optimal zum persönlichen Training geeignet. Wenig Risiko, große Trainingsfortschritte. Belächeln Sie also diese Übungseinheiten nicht. Wagen Sie sich stattdessen heran, schließlich handelt es sich bisher nur um Bagatellen und nicht um einen komplizierten Lebenswandel.

Selbstverständlich gibt es viele Beispiele und Situationen, die zum Üben gut geeignet sind:

- Sie haben sich bisher nicht getraut, das Amt als Elternbeirat anzunehmen, weil Sie befürchten zu versagen, obwohl schon einige Eltern Sie angesprochen und ermuntert haben, Verantwortung zu übernehmen? Probieren Sie es aus. Sie sind schließlich nicht allein und können viel bewegen und selbst auch hinzulernen.

- Gehen Sie mit Ihrer Familie auf einen Abenteuerspielplatz. Rutschen Sie mit, erklimmen Sie ebenfalls wilde Klettergerüste und spüren Sie dem kleinen Nervenkitzel nach, den Ihre Kinder so lieben.

- Tun Sie etwas „Verrücktes"! Jeder hat einen großen und einen kleinen verrückten Wunsch. Ergründen Sie Ihre geheimen Träume und setzen Sie einen davon bewusst in die Tat um. Machen Sie eine Liste, entdecken Sie die Möglichkeiten und erfreuen Sie sich an jedem einzelnen Schritt bis hin zur Erfüllung.

- Besprechen Sie endlich mit Ihrem Chef diese besondere Idee, die Sie seit Monaten in sich tragen. Legen Sie ausreichend Argumente zurecht und präsentieren Sie Ihre Gedanken mit Leidenschaft. Mehr als ablehnen wird er nicht können. Was also haben Sie zu verlieren?

— Eigentlich wollten Sie ja studieren oder etwas ganz anderes lernen? Finden Sie heraus, ob es ein Abend- oder Fernstudium in Ihrem Wunschgebiet gibt oder welche andere berufsbegleitende Weiterbildungsmöglichkeit Sie haben. So bleiben Sie sicher im alten Job und erarbeiten sich zeitgleich optimale Voraussetzungen für einen möglichen sicheren Wechsel.

— Verabreden Sie sich mit Freunden oder der Familie zu abenteuerlichen Ausflügen. Funsportarten, die Abfahrt der schwersten Piste in Ihrem Lieblingsskigebiet oder eine Nachtwanderung verströmen Adrenalin pur und machen Lust auf mehr.

— Sprechen Sie mit Freunden und der Familie darüber, was aus deren Sicht riskant ist und wie Sie mehr Spannung in den Alltag bringen können. Sie werden erstaunt sein, auf welche Ideen Sie gemeinsam kommen werden.

Grundsätzlich ist es wichtig, dass Sie den Weg zu Ihren Zielen auch im Bezug auf die eigene Risikobereitschaft in kleine überschaubare Zwischenschritte unterteilen. Denn gerade in diesem Bereich neigen wir dazu, uns gegen Veränderungen zu sträuben, weil sie uns stark ängstigen. Je kleiner und übersichtlicher jedoch das Teilziel ist, um so weniger Ausreden und Gegenargumente suchen wir und konzentrieren dadurch unsere Energie auf Erfüllung der Aufgaben und nicht auf deren Sabotage. Nutzen Sie zum Erreichen Ihrer Ziele die Salami-Taktik.

INFO Salami-Taktik

Der Philosoph René Descartes (1596–1650) entwickelte 1637 eine Methode, die heute auch als Salami-Taktik bekannt ist. Dabei stellte er vier Grundregeln auf, die auch heute noch Gültigkeit haben:

1. Formuliere das Problem (Ziel, Projekt) schriftlich.
2. Zerlege die Gesamtaufgabe in Teilaufgaben.
3. Ordne die Teilaufgaben nach Prioritäten und Terminen.
4. Erledige alle Aktivitäten und kontrolliere das Ergebnis.

Im Grunde bedeutet dies, dass Sie eine große Aufgabe in kleine „Scheibchen" zerlegen und nach und nach abarbeiten sollten, um das gewünschte Ergebnis letztendlich erreichen zu können, ohne dass der innere Schweinehund Ihnen auf den Weg dorthin das Bein stellt. Denn häufig kommt der ersehnte Erfolg erst recht spät. Deshalb geben viele Menschen verfrüht auf und werden in dem Glauben gefestigt, dass die Anstrengungen alle nutzlos waren. Wer jedoch kleine Teilziele erreicht, motiviert sich dadurch selbst und erhält genug Schwung für die nächste Etappe.

Wenn Sie im Alltag sich und Ihren Lieben mehr zutrauen, dann werden Sie wahrscheinlich das eine oder andere Mal enttäuscht werden. Denn Angst und fehlende Risikobereitschaft sind zeitgleich ein wirksamer Schutz vor Gefahr und körperlicher sowie seelischer Verletzung. Ihr Durchhaltevermögen wird auf die Probe gestellt, und wenn die süße Kleine dann doch mit dem Fahrrad stürzt, scheint man plötzlich überzeugt, dass die Stützräder einfach zu früh abmontiert wurden und das Verletzungsrisiko noch zu hoch ist.

Damals sowie heute...

Liebe Mütter: Mal ehrlich, hattet Ihr keine aufgeschürften Knie? Seid Ihr nie voller Freude auf einen Baum geklettert, der Euch heute den Puls in die Höhe schnellen lässt? Wart Ihr nicht auch stolz auf die ersten Schritte in die Selbständigkeit – in die Welt der „Großen und Erwachsenen". Erinnern Sie sich doch öfter mal an die eigene Kindheit. Entweder an das, was Sie selbst alles getan haben oder aber gerne getan hätten, wenn Ihre Eltern risikobereiter gewesen wären. So lernen Sie, Ihren Nachwuchs systematisch mehr Selbständigkeit zu schenken und ihn bereit für die große weite Welt zu machen. Denn auch wenn der Gedanke, dass das Liebste auf der Welt irgendwann seine Engelsflügel ausbreitet, um den familiären Wurzeln zu entgleiten, schwer fällt: wir müssen alles dafür tun, um unseren Nachwuchs auf das Leben auf eigenen Beinen vorzubereiten.

Wenn sie klein sind, gib ihnen Wurzeln,
wenn sie groß sind, schenke ihnen Flügel!

ERFAHRUNGSBERICHT Aufgewachsen bin ich in einem kleinen Ort am Rande des Kaufunger Waldes. Ich erinnere mich, dass unsere Straße früher noch aus Schotter bestand und das Fahrradfahren beschwerlich machte. Wir hatten kein Einkaufszentrum, nur ein winziges Kino, weder Bowlingbahn noch Indoorspielplatz in der Nähe. Unser Spielplatz war die Natur. Wir bauten Höhlen im nahe gelegenen Wald, Baumhäuser in den Kirschplantagen und stauten die Bäche, bis uns der Förster erwischte. Playstation gab es damals nicht.

▶

Der Gameboy für lange Autofahrten und trübe Herbstabende war das höchste der Gefühle. „Wetten dass" wurde am Wochenende zum familiären TV-Ereignis und Diskussionen über kindgerechte Sendungen hinfällig. Und es war toll! Wir mussten keinen Pieper zur Ortung der genauen Position dabei haben, nicht im Kindergarten Selbstverteidigungskurse absolvieren. Wir liebten das Abenteuer, streunten durch die Welt, erkundeten jeden Winkel und wurden dabei von der Nachbarschaft aus dem Augenwinkel beobachtet, um nicht verloren zu gehen. Mittlerweile bin ich selbst Mutter und bewundere im Nachhinein die nach außen gelassene Einstellung meiner eigenen Mutter. Bestimmt hatte sie Bedenken und Ängste. Wir hätten von den Bäumen stürzen, in Höhlen begraben, von Fremden angesprochen werden können. Doch sie hat das Risiko genauso wenig gescheut wie wir. Dadurch waren wir glücklich, selbständig und steckten voller Abenteuer. Da ich selbst diese wundervollen Erfahrungen machen durfte und mich jederzeit gerne an meine abenteuerliche und vor allem freie Kindheit erinnere, gestehe ich meinem eigenen Nachwuchs viel mehr Freiheiten sowie Selbständigkeit zu. Man kann sich auf seine Kinder verlassen, wenn man sich traut. Es fällt nicht immer leicht, aber ich bin sicher, sie werden es mir später einmal danken.

6.3 Der Schlüssel zum beruflichen Erfolg

Doch auch im Beruf stehen wir vor so mancher Herausforderung, die uns zwar reizt, aber doch zu riskant erscheint. Innerhalb kürzester Zeit aktivieren wir unsere innere Stimme, die uns leise zuflüstert: Das schaffst du nicht, sei bescheiden, übernimm dich nicht, alle lachen über dich, wenn es schiefgeht. Es sind die klassischen Blockaden, die wir bereits aus unserer Kindheit und Jugendzeit kennen. Jede noch so kleine Niederlage bestärkte uns dann in dem Gefühl, dass eben jene Sprüche zu Recht getätigt wurden. Es ist nun allerdings an der Zeit, all diese alten und verstaubten Aussagen auszuradieren und durch neue zu ersetzen. Denn ich bin sicher, dass Sie bereits vieles in Ihrem Leben erreicht haben, einige Ziele verwirklichen und positive Erlebnisse verbuchen konnten. Das kann man bei Ihnen nicht behaupten? Ich tue es trotzdem! Es kann nicht alles schlecht sein. Wäre es so, hätte dennoch jede Erfahrung und jedes Erlebnis eine positive Seite, aus der Sie etwas lernen können. Wenn Sie mir nicht glauben, dann setzen Sie sich hin und notieren Sie alles, was Ihnen Positives einfällt. Verschließen Sie sich bitte nicht und behaupten Sie nicht weiterhin, es gebe da zu wenig oder gar nichts Bedeutendes in Ihrem Leben. Nehmen Sie sich Zeit und durchforsten Sie Ihre Erinnerungen!

Auf Ihrem Blatt könnte zum Beispiel stehen:
- Mich gegen meine Eltern durchgesetzt und meine Wunschausbildung absolviert.
- Das Abi entgegen aller Lehrerempfehlung geschafft.
- Bin vor einem halben Jahr befördert worden.
- In der Zeitung (kann auch Mitarbeiterzeitung sein) stand ein Artikel über mich oder von mir.
- Ich habe eine Zusatzausbildung, Weiterbildung abgeschlossen.
- Meine Arbeitszeugnisse von meinen früheren Arbeitgebern waren bisher immer gut.
- Ich habe mich getraut, in eine andere Stadt zu ziehen.
- Ich bin stolz auf meine eigene kleine Wohnung.

— Winterreifen ziehe ich ohne Mann auf mein Auto auf.
— Das letzte Beurteilungsgespräch mit meinem Chef war besser, als ich dachte.

Wie Sie sehen, sind diese Aussagen weder reißerisch, noch strotzen sie vor übermäßigem Selbstbewusstsein, denn eben jenes fehlt uns Frauen häufig. Dabei vergessen wir, was wir im Leben bereits alles geleistet haben oder immer noch bewirken. Zwar mögen obige Beispiele nicht reißerisch klingen, doch summieren sie sich zu einer beachtlichen Erfolgsbilanz. Denn jede Einzelne von uns hat ihre ganz persönlichen Stärken, die nicht unter den vermeintlichen Schwächen erdrückt werden dürfen.

Befreien Sie Ihre Stärken, denn sie werden der Schlüssel zu Ihrem ganz persönlichen Erfolg sein.

Wie das in der Realität aussehen könnte?

ERFAHRUNGSBERICHT Hier ein Erfahrungsbericht meiner ehemaligen Arbeitskollegin Valerie:
Ich arbeitete damals als Personalsachbearbeiterin in einer IT-Firma und war für die Lohnabrechnung sowie die administrative Betreuung einer festgelegten Mitarbeitergruppe zuständig. Im alljährlichen Beurteilungsgespräch bot mir mein Chef nach zwei Jahren plötzlich eine Beförderung an. Ich war so schockiert, dass ich seinen Argumenten gar nicht mehr folgen konnte, und schaffte es gerade noch, ihn um ein wenig Aufschub für die Entscheidung zu bitten. Völlig verwirrt verließ ich abends die Firma, um mich mit meiner besten Freundin zu

treffen. Anja bestellte damals voller Überschwang Prosecco zum Anstoßen und freute sich deutlich mehr als ich. Nach wenigen Minuten hatte auch sie es bemerkt und redete mir ins Gewissen. Sie fragte, warum ich so zögerlich sei und mich nicht aufrichtig über die tolle Chance und das damit verbundene Lob freue. Ich erzählte ihr, dass ich doch gar nichts Besonderes getan hätte, mir die zukünftige Mitarbeiterverantwortung der neuen Stelle Angst mache und ich doch viel zu schlecht für diese Position sei.

Es war, als hätte ich Öl aufs Feuer gegossen, denn explosionsartig feuerte Anja positive Argumente auf mich ab, die ich vor lauter Angst noch gar nicht entdeckt hatte. „Wenn Dein Chef der Meinung wäre, du könntest das nicht, dann hätte er dir die Beförderung doch gar nicht erst angeboten. Außerdem jammerst du seit Wochen, dass dir die Arbeit zwar Spaß macht, aber dich nicht mehr wirklich reizt. Jetzt hast du die Herausforderung, die du brauchst, machst damit auch noch mehr Geld! Hallo, wach auf und greif endlich nach den Sternen!" Es waren noch viele Argumente, die sie im Laufe des Abends auf mich abfeuerte, und was soll ich sagen: Am nächsten Tag bin ich ins Büro meines Chefs gegangen und habe die Beförderung angenommen. Allerdings nicht, ohne ihm ein Leadership Training mit integrierter Personalführungsschulung aus den Rippen zu leiern, damit auch meine letzte Hürde, nämlich die Angst vor Personalverantwortung, mir nicht mehr im Wege stand. Es war die beste Entscheidung, die ich getroffen habe. Ich liebe meinen neuen Job!"

Valeries Freundin Anja hat sich gegen die wenigen „Contras" gestellt und die positiven Seiten einer vermeintlich riskanten Entscheidung deutlich hervorgehoben. Wenn Sie keine passende Freundin haben, erstellen Sie einfach Ihre eigene Pro-

und-contra-Liste. Was spricht dafür, was dagegen. Welche Lösungswege gibt es für die negativen Argumente? Denn nur, weil etwas augenscheinlich dagegen spricht, heißt es nicht, dass sich das nicht ändern lässt!

Auch beim Wiedereinstieg in den Beruf scheinen gerade wir Frauen immer wieder mit unserer Risiko- und Entscheidungsbereitschaft zu hadern. Hinzu kommt die Verantwortung, die wir auf unseren Schultern tragen. Schließlich bekommt man durch die Diskussionen über die Berufstätigkeit mit Kleinkindern, Kindergartenunterbringung und ausgefülltes Hausfrauendasein stets das Gefühl, es sowieso nicht richtig machen zu können. Man scheint vor einem absoluten „entweder oder" zu stehen: Entweder gute Mutter und nur im Heim und am Herd – oder Karrierefrau, die auf ein Familienleben verzichtet. Ich kann Sie beruhigen: Egal ob Sie das eine Extrem oder das andere wählen, sogar wenn Sie sich dazwischen befinden, werden Sie es nie allen recht machen können!

Daher ist es ganz wichtig, sich selbst erst einmal klar zu werden, was man möchte. Dann sollten diese Wünsche und Vorstellungen mit Ihrem Partner besprochen werden. Wie sieht er die Situation, was empfindet er dabei, wo kann er Sie unterstützen, was ändert sich für die gesamte Familie? Schauen Sie sich dann nach geeigneter Kinderbetreuung um, reden Sie mit Ihrem alten Arbeitgeber über Ihre Vorstellungen oder suchen Sie nach einem völlig neuen Aufgabengebiet. Auch der Schritt in die Selbständigkeit scheint gerade Müttern immer wieder ein passender Ausweg zu sein. Man ist sein eigener Herr, ist flexibler in der Arbeitszeitgestaltung, und wenn das Kind krank ist, dann schaut kein Chef mit hochgezogener

Augenbraue. Doch so leicht und ansprechend es klingen mag: Unterschätzen Sie den Zeit- und Arbeitsaufwand nicht, den Sie gerade in der Eröffnungsphase investieren müssen. Wenn Sie eine Tätigkeit als Trainerin, Buchautorin, Masseurin, Direktverkäuferin oder Ähnliches mit freier Zeiteinteilung wählen, wird Ihnen der Start leichter fallen. Haben Sie einen kleinen Laden, ein Büro mit regelmäßigen Besetzungszeiten oder Ähnliches, ist der zeitliche Aufwand nicht zu unterschätzen.

**Doch jedes Risiko birgt die Möglichkeit
ein Sicherheitsnetz zu spannen.**

Lassen Sie sich vor allem Zeit, wenn die Möglichkeit dazu besteht. Ist man im Stress mit ungewohnten und auf den ersten Blick vermeintlich riskanten Situationen konfrontiert, schreckt man meist zurück und trifft in der Hektik eine falsche oder im schlimmsten Fall keine Entscheidung. Natürlich müssen Sie handeln, wenn Ihr Kind jeden Moment vom Baum fällt, aber vielleicht lohnt es sich, eine Sekunde zu warten, ob es bereits dabei ist, wieder sicheren Halt zu finden und die Situation alleine zu lösen. Schenken Sie sich und Ihrem Kind dieses Erfolgserlebnis! Auch im Beruf lohnt es sich, nicht zu allem sofort Ja zu sagen oder es pauschal abzulehnen.

6.4 Top Tipps für bessere Entscheidungen

- Üben Sie in alltäglichen Situationen.
- Trauen Sie sich und Ihrem Umfeld, im besonderen Mann und Kindern, mehr zu. Im Notfall können Sie immer noch unterstützend eingreifen.

- Eigenen Sie sich benötigtes Fachwissen an. Egal ob in Seminaren, Workshops, Beratungsgesprächen oder über Bücher: Informationen und Wissen finden Sie überall.
- Suchen Sie Verbündete und minimieren Sie so das Risiko, weil alle einen Teil der Bürde tragen.
- Lassen Sie nach Möglichkeit ein wenig Zeit verstreichen. Auf den zweiten Blick sieht alles nur noch halb so schlimm aus.
- Trainieren Sie Ihren Entscheidungsmuskel und gehen Sie häufiger das eine oder andere Wagnis im Alltag ein.
- Vor allem: Haben Sie Spaß dabei!

Auch der längste Weg beginnt mit dem ersten Schritt.

Chinesische Weisheit

7 Erfolg durch Verhandlungsgeschick

„Es ist Unsinn, Türen zuzuschlagen,
wenn man sie auch angelehnt lassen kann."

—————— J. William Fulbright, amerikanischer Politiker

7.1 Wir führen täglich Verhandlungen

„Nein mein Schatz, es gibt jetzt keine Gummibärchen, schließlich ist das Abendbrot gleich fertig. Aber wir legen es an deinen Platz und du kannst es als Nachspeise essen." „Komm schon, du hattest gestern deine Sportschau, heute sind meine Desperate Housewives dran." „Ich bin sicher, dass unser Preis-Leistungs-Verhältnis am Markt unschlagbar ist und unser Produkt Ihr aktuelles Problem lösen kann". Ja, meine Damen, wir verhandeln ständig und überall! Egal ob Sie mit dem Nachwuchs den klassischen Streit „Ich will aber und werfe mich schreiend auf den Boden, wenn ich es nicht kriege" ausfechten oder mit dem Liebsten allabendlich um die Fernbedienung raufen. Stets suchen wir Kompromisse, schließen mündliche Vereinbarungen und verhandeln mit unseren Liebsten, Kunden und Händlern. Verhandlungsgeschick ist im privaten Bereich eine typisch weibliche Eigenschaft. Denn auch der Tausch von selbstgebackenen Muffins gegen die Reparatur des Kinderfahrrads, der Verkauf von abgetragenen Kindersachen an eine befreundete Mutter oder der kleine Deal mit der Nachbarin über den Gartenzaun – alles dies sind kleine Verhandlungen, die wir automatisch ausführen. Mit ein bisschen Übung, schaffen wir auch im beruflichen Leben den Sprung über unseren eigenen Schatten und somit in die nächsthöhere Gehaltsstufe.

7.2 Wie Entrümpeln Ihr Verhandlungsgeschick stärken kann

ÜBUNG Suchen Sie alles zusammen, was Sie schon immer loswerden wollten, seit Jahren nicht benutzen oder was Ihnen sinnlos im Weg liegt. All diese Dinge packen Sie ein und fahren damit zum nächstgelegenen Flohmarkt. Und schon geht's los: Verkaufen, verhandeln und verdienen Sie, was das Zeug hält. Legen Sie gedanklich bereits die Summen fest, die Sie pro Gegenstand erhalten wollen. Bei manchen Dingen ist man froh, wenn man sie einfach nur los ist. An anderen hängt unser Herz. Lassen Sie nun den Interessenten das erste Angebot machen. So führen Sie stets die Verhandlung und haben beste Chancen. Vielleicht bietet er ja mehr, als Sie sich erhofft hatten, oder Sie stellen sofort fest, dass er Dinge lediglich zu absoluten Schnäppchen Preisen einheimsen will. Jetzt sind Sie an der Reihe. Trauen Sie sich, lassen Sie sich dabei ein wenig Spielraum, um dem Käufer noch entgegenkommen zu können und vor allem: Haben Sie Spaß daran!

In Stilettos auf das Verhandlungsparkett

Die kleine Übung auf dem Flohmarkt hat Ihnen vielleicht bereits ein wenig mehr Selbstvertrauen und Erfahrung im

Verhandlungsbereich gebracht. Doch selbstverständlich gibt es noch weitaus mehr Wege und Möglichkeiten, sich zukünftig sicherer auf dem Verhandlungsparkett zu bewegen und vermeintliche Gegenargumente und Blockaden zu entkräften.

Glauben Sie an sich und den Wert Ihrer Arbeit!

Allzu oft zweifeln wir an uns und somit auch an unserer Tätigkeit. „Das ist doch nichts Besonderes", „Das können andere viel besser", „Das kann jeder", „Das war doch ganz leicht". Solche und ähnliche Antworten geben meist nur Frauen, wenn sie für ihre Arbeit gelobt werden. Stehen Sie zu Ihrem Wissen, Können und den erreichten Verdiensten. Bedanken Sie sich für das Lob und erläutern Sie nach Möglichkeit noch ein wenig Ihre Vorgehensweise. Fangen Sie an zu klappern, denn das gehört schließlich mit zum Handwerk! Wenn Sie selbständig sind, dann verlangen Sie auch ein angemessenes Honorar. Auch heute noch haben die Menschen das Gefühl, was wenig kostet, ist wenig wert. Also lassen Sie sich für Ihre Qualität auch entsprechend bezahlen.

Mit Ehrlichkeit gewinnt man nicht?

Sie glauben, wer verhandelt, ist unfair? Das muss nicht sein. Sagen Sie offen und ehrlich, was Sie verlangen oder bereit sind zu zahlen. Lassen Sie sich dabei noch einen kleinen Spielraum für Verhandlungen und versuchen Sie auf Ihr Gegenüber einzugehen. Wer ehrlich bleibt, zieht niemanden über den Tisch und braucht deshalb bei einem guten Ergebnis auch kein schlechtes Gewissen zu haben.

Über Geld spricht man nicht?!

Sollte Sie dieser Grund daran hindern, Rechnungen für Ihre Leistungen zu präsentieren, eine Gehaltserhöhung oder mehr Haushaltsgeld zu verlangen oder um Geld und andere Dinge zu verhandeln, dann sollten Sie das schleunigst ändern. Früher gaben Frauen bedenkenlos die finanziellen Angelegenheiten in die Hände der Männer. Doch die Zeiten sind vorbei. Sie sollten genauso viel über die Finanzen wissen wie jeder andere auch. Informieren Sie sich, finden Sie heraus, was die Konkurrenz verlangt, welche Rabatte in der Branche üblich sind, wie andere Menschen verhandeln und mit dem Thema umgehen. Je mehr Sie wissen, umso selbstsicherer können Sie auftreten. Wer Leistung liefert, hat auch ein Recht auf Bezahlung.

Ich bin doch kein Mann.

Tja, ist nun die Frage, ob dies gut oder schlecht ist. Fakt ist, dass es so ist, wie es ist. Arrangieren Sie sich also damit und lernen Sie Ihre eigenen Fähigkeiten kennen. Durch gutes Einfühlungsvermögen, Zuhören und Erkennen von Wünschen, Problemen und Zielen haben Sie als Frau eine besondere Chance, genau die richtigen Verhandlungsargumente ins Feld zu führen, um das Geschäft erfolgreich abzuschließen. Probieren und vor allem nutzen Sie diese Fähigkeiten aus!

Geben Sie nicht auf!

Wer schnell aufgibt und an sich oder seinem Projekt zweifelt, kann nicht gewinnen. Oftmals reicht ein Quäntchen Konsequenz und Beständigkeit aus, um an das gewünschte Ziel zu gelangen.

Ich kann einfach nicht Nein sagen!

Gerade Frauen haben häufig das Problem, dass sie selten Nein sagen können, wenn der Chef zusätzliche Arbeit auf den Schreibtisch legt, aber gleichzeitig klar macht, dass er leider die dadurch verursachten Überstunden nicht zahlen kann. Wir übernehmen Bringdienste, backen Kuchen für den Kindergarten, verschenken alles Mögliche und grummeln lediglich vor uns hin, statt Nein zu sagen oder zu verhandeln. Wenn Sie mal wieder das Nachbarkind mit zum Fußball nehmen sollen, lassen Sie die beiden von den Nachbarn abholen und nach Hause bringen. Wenn Ihre Kollegin Ihnen einen Auftrag übergeben möchte, weil sie unbedingt diesen einen eiligen Friseurtermin wahrnehmen will, sagen Sie freundlich, aber bestimmt Nein. Üben Sie es. Fangen Sie bei Kleinigkeiten an und Sie werden schon bald feststellen, dass Sie dabei gar nicht so verletzend sind, wie Sie befürchtet haben. Dass die Mitmenschen mehr Verständnis zeigen als erhofft und dass es Ihnen manchmal einfach egal sein kann, was andere denken, weil es Ihnen in diesem Moment einfach besser geht.

Grundsätzlich ist also wichtig, sich überhaupt mit diesem Thema zu beschäftigen und mit ein wenig Mut und Offenheit bewusst in Verhandlungen einzusteigen. Meine Seminarteilnehmerin Carolin erzählte mir in einer Pause, dass sie aufgrund eines Buches den nötigen Mut fand, selbstbewusst in Verhandlungen einzusteigen und am Ende einen großen Erfolg zu verbuchen. Doch lesen Sie selbst:

ERFAHRUNGSBERICHT von Carolin

Nachdem ich ein Buch über Verhandlungstaktiken für Frauen gelesen hatte, probierte ich mein neu erworbenes Können in der gleichen Übung wie oben angegeben aus und brachte eine stolze Summe vom Flohmarkt mit. Damit hatte sogar mein Mann nicht gerechnet. Ich übte heimlich überall. Beim Kauf des sündhaft teuren Pullovers schlug ich einen Rabatt heraus, das Abendprogramm wurde zu meinen Gunsten entschieden und ich steuerte voller Elan auf mein großes Ziel zu: Im Rahmen eines Wohnungskaufs benötigten wir eine nagelneue Küche. Sie sollte praktisch, schick und vor allem so ausgerichtet sein, dass sie viele Jahre hält und von Anfang an unseren Ansprüchen genügt. Wir fanden schnell einen bekannten Hersteller, der für gute Qualität und innovative Ideen stand und sich in dem Kaufhaus, in dem wir unsere Wunschküche zusammengestellt hatten, auch entsprechend dafür bezahlen ließ. Mit unserem damals einjährigen Sohn ging es zum Verhandlungstisch. Da dies bekanntlich nicht der interessanteste Ort für ein Kleinkind war, zog er relativ schnell von dannen, um die Küchenabteilung zu erkunden. Der Verkäufer rechnete damit, dass ich mich als Hausfrau und Mutter auf den Weg machen würde und er sich mit meinem Mann handelseinig werden könnte. Doch weit gefehlt. Hochmotiviert begann ich die Verhandlungen, während mein Mann unseren Sohn aus den Küchenschränken holte. Der Verkäufer schien von meiner guten Vorbereitung, der Selbstsicherheit und den wohl gewählten Argumenten überrascht und überzeugt, denn er ging zügig im Preis nach unten. Weiter könne er leider nicht gehen, sonst müsse er den Filialleiter holen. „Dann holen Sie ihn bitte", war meine Antwort. Gesagt, getan. Nun stand ich zwei Herren gegenüber, hatte hervorragende Vorarbeit geleistet, die ich meinen Mann nun zu Ende bringen ließ. Durch den Wechsel konnten wir weitere Prozente gutmachen. Am Ende verließen wir das Einrichtungshaus mit einer wundervollen Küche zu einem sehr guten Preis und waren sicher, dass auch das Kaufhaus noch genug Gewinn dabei gemacht hatte. Seit dieser aufbauenden Erfahrung verhandle ich viel überzeugender und kann auch Niederlagen problemlos verkraften.

7.3 So verhandeln Sie im Beruf

Wenn wir diese Verhaltensweisen im Privatleben umsetzen können, lässt sich automatisch eine Brücke zum Ufer unseres Berufs bauen. Denn leider kommen wir auf dem geschäftlichen Verhandlungsparkett noch immer viel zu schnell ins Schlingern. Bei den meisten Gehaltsverhandlungen schneiden wir Frauen auch im 21. Jahrhundert deutlich schlechter als die männlichen Kollegen ab. Doch das muss nicht sein! Ein paar einfache Tricks helfen bereits, den einen oder anderen Stein aus dem Weg zu räumen und ein Stolpern damit zu verhindern.

Vorstellungsgespräch

Bereits im Vorstellungsgespräch müssen Sie an Ihre finanzielle Zukunft denken und sollten sich bereits im Vorfeld ausgiebig darauf vorbereiten. Was verdienen Kollegen, wo liegt die Gehaltsspanne in dieser Branche? Machen Sie sich auch Gedanken darüber, was Sie selbst verdienen – und das im wahrsten Sinne des Wortes. Haben Sie die Summe verdient, können Sie entsprechende Gegenleistung bieten? Manchmal steht bereits in der Stellenanzeige das vorausichtliche Gehalt. Nehmen Sie diese Angabe auf jeden Fall als Richtwert. Wer deutlich mehr verlangt, schießt sich damit meist direkt ins Aus. Ist die Summe noch unausgesprochen, versuchen Sie, die Information von Ihrem Gesprächspartner zu erhalten, bevor Sie eine Aussage über Ihre Gehaltswünsche tätigen müssen. Auch hier gilt: Vielleicht ist das Angebot höher, als Sie es sich erhofft hätten. Wenn nicht: verhandeln Sie! Hierzu benötigen Sie ähnliche Argumente wie beim Gehaltsgespräch.

Gehaltsgespräch

Viele Frauen bekommen Magenkrämpfe und Herzrasen, wenn sie daran denken, mit ihrem Chef über das eigene Gehalt sprechen zu müssen. Meist werden ihnen dann Argumente aufgezahlt, warum das Unternehmen nicht viel mehr zahlen kann. Sie schauen auf den ihnen zugedachten Betrag, lächeln freundlich und gehen wieder, ohne überhaupt darüber gesprochen oder gar verhandelt zu haben. Noch immer hört man dann auf die Frage, warum Frauen so wenig verdienen, Antworten wie beispielsweise „Mich selbst verwirklichen zu können ist doch viel wichtiger" (wenn sie das dann tatsächlich auch tut, mag es ok sein, wenn sie dies nur als Ausrede nutzt, nicht), „Meine Familie ist mir wichtiger als der Beruf" (das mag richtig sein, dennoch haben Frauen ein Recht auf angemessene Bezahlung), „Ich arbeite lieber in einem sozial engagierten Beruf als in einem gut bezahlten" (müssen sich diese beiden Eigenschaften ausschließen?). Doch all diese Argumente stehen meist lediglich für die Angst, die Frauen vor

Verhandlungen und somit vor einem möglichen Scheitern haben. Doch gewinnen kann nur, wer es riskiert, auch mal zu verlieren! Ein paar Tipps werden Ihnen dabei helfen, diese Angst zu besiegen und einen weiteren Schritt in Richtung Erfolg zu gehen: Bereiten Sie sich stets ausführlich auf ein Gespräch mit Ihrem Vorgesetzten vor. Manchmal vergeht ein gutes Jahr zwischen den einzelnen Gesprächen, was Mitarbeiter oft dazu verleitet, automatisch mit einer Gehaltserhöhung zu rechnen. Doch der Arbeitgeber ist nicht verpflichtet, Ihnen jährlich den Lohn aufzubessern. Sie müssen ihn schon davon überzeugen, dass Sie ein sattes Plus verdient haben und nicht einfach nur brauchen. Dazu überlegen und notieren Sie sich im Vorfeld einige Argumente, die Sie dann im Gespräch anbringen. Streichen Sie aber bitte umgehend folgende Varianten: Ich brauche das Geld, weil wir uns ein Haus gekauft haben, mein Auto ist kaputt gegangen, mein Mann ist arbeitslos geworden, mein Sohn braucht neue Kleidung für den Winter oder Ähnliches. Private Gründe sind auch dem sozialsten Arbeitgeber in der Regel egal, er muss wirtschaftlich denken, sein Geschäft führen und kann nur bedingt auf Ihre ganz persönlichen Motive eingehen. Ihre Begründungen sollten daher stichhaltig und vor allem auf den Betrieb ausgerichtet sein: Sie verdienen eine Gehaltserhöhung, weil Sie den Umsatz des von Ihnen betreuten Produktes um 20 % gesteigert haben, durch Ihre Arbeit das Image des Unternehmens positiv beeinflusst wurde, Ihre Einsparungsmaßnahmen die Summe x eingebracht haben oder Ihr neues Konzept ein voller Erfolg ist. Suchen Sie sich Argumente aus Ihrem Arbeitsbereich.

Wege zur Gehaltserhöhung oder zu einem hohen Einstiegsgehalt

- Zeigen Sie stets den Nutzen auf, den das Unternehmen durch Ihre Mitarbeit hat: besonderes Fachwissen, einen Kundenstamm, den Sie mitbringen, Sprachkenntnisse usw.
- Heben Sie Ihre Stärken hervor. Meist neigt man dazu, sich der Schwächen viel bewusster zu sein. Umso wichtiger ist die Konzentration auf die Dinge, die Sie auszeichnen und Ihnen besonders leicht von der Hand gehen. Welche Stärken machen Sie wertvoll, ja vielleicht sogar unverzichtbar?
- Kümmern Sie sich mehr um Ihre Pflichten statt um Ihre Rechte, achten Sie aber auch auf das dazugehörige Trommeln und Klappern. Nur wenn Sie Ihre Erfolge sichtbar und publik machen, können sie entsprechend honoriert werden.
- Alles, was wert ist, getan zu werden, ist es wert, gut getan zu werden. Dieses Motto sollten Sie stets ernst nehmen.
- Bieten Sie Wahlmöglichkeiten. Wenn Ihr Chef monatlich nicht mehr Geld zahlen kann, finanziert er Ihnen vielleicht Ihre Weiterbildung. Suchen Sie nach Alternativen, denn nicht immer ist es leicht, eine positive Veränderung auf der Netto-Seite des Lohnzettels zu erreichen.
- Welche Neuerungen haben Sie in die Wege geleitet, welche Projekte erfolgreich abgeschlossen, vielleicht sogar zur Umsatzsteigerung beigetragen?
- Je länger Sie nach Argumenten suchen, umso mehr werden Sie finden. Also nehmen Sie sich die Zeit, überlegen Sie genau und vor allem: Schreiben Sie es auf und stecken Sie den Zettel ein.

MERKE Nutzen Sie diese Vorgehensweise auch bei vielen anderen Situationen, in den Verhandlungen auf Sie zukommen und eine vorausschauende Planung möglich ist!

Zu solchen Situationen können zählen:
- Große Investitionen wie Autokauf, Wohnungseinrichtung.
- Diskussionen mit Ihrem Mann über die Kinderbetreuung, wenn Sie wieder arbeiten möchten.
- Die Wahl des Urlaubsziels für das kommende Jahr.
- Verhandlungen über die Lage der Arbeitzeit mit Ihrem Arbeitgeber.
- Die Kindergartenleitung bezüglich der Belange des Elternbeirates zu überzeugen.

Verhandlungskompetenz zeigt sich jedoch nicht nur in guter Vorbereitung und schlagkräftigen Argumenten, sondern auch in der eigenen Einstellung. Man muss sich auf den Verhandlungspartner, egal ob Kunde oder Kind, einstellen und dessen Ziele und Wünsche ergründen. Erst wenn Sie wissen, was der andere will, können Sie erfolgreich zum gemeinsamen Ziel gelangen. Dies bedeutet nicht, dass man sich ausschließlich auf das Gegenüber einstellen muss, alle Wünsche berücksichtigt und die eigenen Bedürfnisse zurückstellt. Eine gesunde Mischung aus allem macht es! So können Sie es als Mutter nicht immer allen Familienmitgliedern recht machen und müssen wohl überlegen, wo Handlungsspielraum besteht und worüber Verhandlungen nicht geführt werden können.

MERKE Ihre Verhandlungskompetenz ist gefordert, wenn es darum geht:
– Regeln zu vereinbaren.
– Probleme und Konflikte sowie deren Konsequenzen zu klären.
– Arbeitsabläufe, die Zusammenarbeit und das Mitaneinander festzulegen.

7.4 Kompromisse

Das Verhandeln mit Kindern bedeutet fast immer, Kompromisse einzugehen. Meist beginnt die Diskussion mit einem krakelten „Nein" oder entgegengesetztem „Ich will aber". Klare Regeln helfen hier mehr als nervendes Verhandeln.

> *„Der Kompromiss ist die Kunst, eine Torte so aufzuteilen, dass jeder glaubt, das größte Stück zu haben."*
>
> *Paul Henri Spaak, belgischer Politiker*

Besonders im Umgang mit Kindern gilt es, ein Gleichgewicht zwischen klar gezogenen Grenzen und Möglichkeiten zu Verhandlungen und Kompromissen zu bilden. Wer über alles und jeden diskutiert, immer wieder Ausnahmen zulässt, wird über kurz oder lang ein ernstzunehmendes Problem haben. Die Kinder finden zu wenige Orientierungspunkte, die ihnen im täglichen Leben Halt geben. Sie bekommen das Gefühl, sich stets durchsetzen zu können und sich an Regeln und Vereinbarungen nicht halten zu müssen. Die sogenannten Kompromise werden immer häufiger einseitige Siege, die der Nachwuchs davonträgt. Im Rahmen der Werte, die Sie bereits im Kapitel „Takt & Stil" mit Ihrem Partner festgelegt haben, können Sie die persönlichen und familiären Leitlinien festmachen. Nehmen Sie Ihre persönliche Liste und verständigen Sie sich mit den Familienmitgliedern darauf, dass diese Dinge keine Verhandlungen und Kompromisse zulassen. („Wer pinkeln geht, wäscht sich hinterher die Hände.") Ehrlichkeit kann nicht durch Kompromisse in Form von Halbwahrheiten ersetzt werden. Weisen Sie allerdings auch darauf hin, dass alle mal einen schlechten Tag haben dürfen und das „Bitte" und „Danke" dann vielleicht ein wenig zäher über die Lippen kommt. Häufen sich allerdings diese Tage, muss ganz klar wieder an die gemeinsam festgelegten Regeln erinnert werden.

Achten Sie beim Schließen von Kompromissen grundsätzlich darauf, dass jede Seite davon profitiert. Schließlich ist dies die Grundvoraussetzung für einen gelungenen Mittelweg und eine weitere gute Zusammenarbeit.

Der Win-Win-Mythos

Gerade wenn es um das Thema Verkauf, Verhandlungen und Geschäfte geht, hört man stets, dass man auf eine Win-Win-Situation achten soll. Dies bedeutet, dass beide Parteien mit einem positiven Gefühl aus der Verhandlung gehen und jeder einen „Gewinn" daraus gezogen haben muss. Sicherlich ist es grundsätzlich ein guter Vorsatz, damit keiner über den Tisch gezogen wird und auch zukünftig erfolgreiche Geschäfte abgeschlossen werden können. Doch sowohl als Käufer wie auch Verkäufer sollten Sie sich bewusst machen, dass der andere meist erst dann positiv gestimmt aus der Verhandlung geht, wenn er glaubt, ein bisschen mehr gewonnen zu haben. Dazu zwei praktische Beispiele:

Fall 1: Ein Kunde interessiert sich für ein Auto. Das Autohaus hat als Ziel, 12.000,– € für den Wagen zu erhalten. Der Händler bietet ihn für 12.000,– € an. Der Kunde schlägt ohne lange Diskussion zu und unterzeichnet den Kaufvertrag. Was denkt nun der Verkäufer? „Wenn der Kunde so schnell zuschlägt, hätte ich auch mehr verlangen können." Was denkt der Kunde? „Wenn ich verhandelt hätte, hätte ich wohl noch mehr sparen können." Beide Seiten haben zwar vordergründig erreicht, was sie wollten, das Geschäft hat für sie jedoch einen negativen Beigeschmack.

Fall 2: Ein Kunde interessiert sich für ein Auto. Das Autohaus hat als Ziel, 12.000,– € für den Wagen zu erhalten. Der Händler bietet ihn für 13.000,– € an. Dem Käufer ist dies zu viel. Zumindest verkündet er dies gegenüber dem Verkäufer unter Nennung einiger Argumente. Er bietet 11.000,– €. Der Verkäufer beharrt vorläufig bei 13.000,– €, schließlich hat auch er einige Gründe parat, die den Preis aus seiner Sicht rechtfertigen. Man einigt sich nach einigem Hin und Her auf 12.000,– €. Das Ergebnis ist das gleiche, doch wie fühlen sich die beiden Parteien? Jeder glaubt, ein bisschen mehr erhalten zu haben. Selbst der Verkäufer hat dieses Gefühl, da er ja die gewünschten 12.000,– € erhielt, ohne auf den vorher festgesetzten Preis Nachlass gewähren zu müssen.

Um eine zufriedene Win-Win-Situation herzustellen, bedarf es also einer gewissen Reibung unter den Verhandlungspartnern. Wenn beide Seiten die Möglichkeit haben, ihre Argumente anzubringen und das Gefühl zu erhalten, dass diese Gründe den Verlauf der Diskussion positiv beeinflussen, sind sie auf einem guten Weg. Läuft alles zu leicht, hat man schnell das Gefühl, etwas verpasst zu haben. Verfängt man sich allerdings in einem knallharten Kräftemessen, kommt man bei manchen Verhandlungen an einen toten Punkt, ab dem es nicht mehr weiter geht. Das gesunde Mittelmaß ist also auch bei dieser Sozialkompetenz gefragt. Nutzen Sie sowohl als Käufer wie auch als Verkäufer dieses Wissen bei der nächsten Auseinandersetzung.

7.5 Top Tipps für einen sicheren Auftritt auf dem Verhandlungsparkett

Um nun aber auf dem Verhandlungsparkett nicht ins Schlingern zu geraten, sind folgende Verhaltensweisen eine Stütze:

- Definieren und artikulieren Sie klar Ihre Interessen, Standpunkte und Ziele.
- Setzen Sie Ihren Spielraum fest: Wo ist die maximale Grenze und Ihr minimaler Bedarf.
- Tanken Sie häufig eine extra Portion Selbstsicherheit, um selbstbewusst verhandeln zu können.
- Seien Sie bei schwierigen Themen und großen Verhandlungsrunden stets gut vorbereitet.
- Sie müssen wissen, was Sie wollen, und dennoch flexibel sein. Wenn das eine nicht funktioniert, dann bleiben Sie dran und versuchen Sie eine andere Lösung zu finden.

- Nicht alles ist verhandelbar. Sie müssen trotz der vielen Übung und Begeisterung, die Sie nun haben, nicht über alles verhandeln. In manchen Situationen gibt es nichts zu verhandeln. Schließlich haben Sie Ihre Grenzen bereits klar definiert. Bleiben Sie dabei, wenn Ihnen viel daran liegt, und lassen Sie sich nicht auf Kompromisse ein, wenn Sie sich damit überhaupt nicht wohlfühlen.
- Achten Sie immer auf eine ausgewogene Balance zwischen dem, was Sie fordern, und dem, was der andere geben kann, auf Balance zwischen emotionalen Gründen und Fakten, Balance in Form von Win-Win-Situationen mit der gewissen Portion Reibung.
- Hören Sie gut zu!
- Lassen Sie sich Zeit. Bereiten Sie sich vor, üben Sie in den verschiedensten Situationen und bleiben Sie am Ball.

*„Verhandeln – Der Standpunkt macht es nicht,
die Art macht es, wie man ihn vertritt."*

Theodor Fontane

8 Erfolg durch Krisenmanagement & Belastbarkeit

„Guten Morgen liebe Sorgen, seid ihr auch schon alle da ...“

Jürgen von der Lippe

8.1 Es gibt solche Tage

Mit obigen Worten eines bekannten Liedes wachen hierzulande wohl viele Menschen bei Tagesanbruch auf. Die dreijährige Tochter hat ins Bett gepieselt, der pubertierende Sohn kann nicht mehr schlafen und lässt die neuesten Hits von ACDC durch die Räume schallen und Sie selbst haben kaum ein Auge zugetan, weil Ihr geliebter Partner dank dem Rotwein des letzten Abends sowie seiner aufkeimenden Erkältung den gesamten umliegenden Wald mit seinem Schnarchen hätte roden können. Wenn ein Tag so beginnt, verwundert es nicht, wenn das Auto nicht mehr anspringt, ein Schneetreiben die eh schon unpünktliche Bahn zum völligen Stillstand bringt und zu allem Übel sich Ihre Schwiegermutter spontan für den Nachmittag in Ihrer unaufgeräumten Wohnung ankündigt.

Wir haben die Wahl

Das sind die kleinen Krisen, die uns Tag täglich erwischen können, und die Vielfalt an weiteren Krisen ist groß. Gott sei Dank haben wir die Wahl und können frei entscheiden, wie wir mit solchen Momenten umgehen wollen. Ein einfaches Prinzip zeigt drei Möglichkeiten auf, unser Gejammer einzustellen und uns zu entscheiden:

8.2 Love it, change it or leave it

> **INFO** Love it   – liebe es
> Change it – verändere es
> Leave it   – verlasse es

Dieses teils als Lebensmotto genutzte Prinzip zeigt uns drei Wege, mit Situationen umzugehen. Wir haben immer die Fähigkeit, uns für eine Verhaltensweise zu entscheiden und dadurch zu unserem eigenen Glück und Erfolg beizutragen.

Love it

Wenn Sie sich bewusst dafür entscheiden, dass das Leben so, wie es ist, in Ordnung ist, und Sie daran nichts ändern wollen, dann sollten Sie es in vollen Zügen genießen und lieben. Hadern Sie nicht mit kleinen Hindernissen, sondern machen Sie sich bewusst, dass Sie sich schließlich dafür entschieden haben. Lieben Sie es, entwickeln Sie Leidenschaft!

Change it

Verändere es! Diese Verhaltensweise beinhaltet im Kern die Aufforderung, sich selbst zu verändern. Sie können nicht erwarten, dass Ihre Chefin sich wandelt, weil Sie im Beruf unglücklich sind. Dass Ihr Partner sich ändert, weil Sie mit der Beziehung hadern. Nur wer sich selbst verändert, kann andere verändern. Beginnen Sie also stets bei sich und überlegen Sie, ob zum Beispiel eine andere Sicht auf die Dinge behilflich sein kann. Ob eine kooperativere Einstellung zu sinnvollen Kompromissen führen kann. Ob Sie etwas an Ihren Verhältnissen ändern können, um die Konflikte aus dem Weg zu räumen. Würde zum Beispiel eine berufliche Veränderung Sie glücklich machen? Wäre der Wechsel der Wohnung oder eine Veränderung in der Inneneinrichtung behilflich, dass Wohlgefühl im eigenen Heim wieder herzustellen? Betrachten Sie die Situation von allen Seiten und überlegen Sie genau, welche Möglichkeiten vorhanden sind, um sie zu verbessern. Meist sind es mehr als nur die offensichtlichen, und meist können Sie eigenständig handeln und Veränderungen positiv anstoßen. Warten Sie nicht auf Veränderungen von außen, sondern werden Sie persönlich aktiv!

Leave it

Verlasse es oder auch trenne dich! Im Bezug auf materielle Dinge lässt sich diese Grundregel relativ leicht umsetzen, solange es die finanziellen Möglichkeiten zulassen. Stören Sie sich tagtäglich an den Macken und Reparaturkosten des veralteten Autos, so sollte es gegen einen besseren eingetauscht werden oder Sie steigen auf die öffentlichen Verkehrsmittel um. Stoßen Sie aufgrund Ihrer Körpergröße in der gewählten Dachgeschosswohnung ständig überall an, wäre ein Verlassen dieser Wohnung eine denkbare Lösung. So einfach, wie es sich anhört, ist das letzte dieser drei Prinzipien aber nicht. Denn spätestens in zwischenmenschlichen Bereichen ist das entgültige „Verlassen" häufig schwerer als gedacht. Doch auch hier könnte leave it die bessere Variante sein, statt in schwierigen Beziehungen auszuharren, in denen körperliche und seelische Gewalt keine Seltenheit ist. Es ist erschreckend, wie viel

Durchhaltevermögen gerade Frauen an den Tag legen und wie viel sie im wahrsten Sinne des Wortes einstecken, um eine Partnerschaft mit aller Kraft am Leben zu erhalten. Die Angst vor einer endgültigen Trennung und damit verbundener Einsamkeit ist größer als der Schmerz. Doch das darf nicht sein!

Bedenken Sie also speziell in Beziehung zu Ihren Mitmenschen, ob Sie die Verbindung lieben und kleine Eigenheiten in diesem Rahmen bedingungslos akzeptieren können. Scheint Ihnen dies nicht möglich, könnte eine Veränderung zum gewünschten Ziel führen. Was können Sie dazu beitragen, die Beziehung zu stärken und zu verbessern? Scheitern all diese Möglichkeiten, sollten Sie sich wohl oder übel mit dem „leave it" beschäftigen. Manchmal ist es sinnvoller, eine alte Freundschaft aufzukündigen, wenn Sie das Gefühl haben, von ihr erdrückt zu werden. Es ist besser, die Arbeitsstelle zu wechseln, wenn Ihr Magen Ihnen schon in der Früh auf dem Weg zur Arbeit das Frühstück mit Krämpfen verweigert. Und auch in Beziehungen und Partnerschaften ist es am Ende gelegentlich besser, sich konsequent für eine der drei Lösungen zu entscheiden, statt ein Leben lang unglücklich zu sein und viele wundervolle Momente zu versäumen.

Haben Sie Mut, trauen Sie sich und entscheiden Sie sich bewusst für: love it, change it or leave it.

Gefahr oder Chance?

Sehen wir eine schwierige Situation als „unliebsame Begebenheiten" oder als „echte Krise" an? Wird uns die Situation völlig aus dem Gleichgewicht bringen oder straucheln wir nur einen Moment, bis wir wieder mit beiden Beinen fest auf dem Boden stehen? Um diesen Fragen auf den Grund zu gehen, müssen wir die Situation, die uns belastet, erst einmal etwas genauer unter die Lupe nehmen. Vielleicht handelt es sich dabei ja gar nicht um eine Gefahr, sondern um eine großartige Chance? Oder beides gleichzeitig? Das geht nicht, meinen Sie? Ich und Millionen Chinesen sagen: doch! Denn die beiden chinesische Schriftzeichen für den Begriff Krise bedeuten „Gefahr" und „Chance"!

Krise = Gefahr + Chance

Daraus ergibt sich in meinen Augen eine wundervolle Definition des Wortes: Krise = Gefahr + Chance. Denn eine Situation, die uns beängstigt und uns panisch werden lässt, birgt auch stets eine Chance in sich.

Krise

Um diese Chancen zu erkennen und vermeintliche Krisen richtig einschätzen zu können, dient Ihnen folgende Übung:

ÜBUNG Eine Krise scheint Sie zu überrollen? Sie stehen vor einem unlösbaren Problem? Sie haben dass Gefühl, Ihnen entgleitet bald alles? Dann stellen Sie sich Ihren Ängsten und beantworten Sie folgende Fragen schriftlich:

1. Was macht mir Angst und bereitet mir Sorgen?
2. Was würde im schlimmsten Fall passieren? Was wäre der Super-Gau?
3. Überprüfen Sie nun, ob es in der Realität berechtigte Anzeichen für diese Sorgen gibt. Warum habe ich Angst? Was genau deutet auf die Krise hin? Könnte es vielleicht auch ganz anders kommen? Wie wahrscheinlich ist es, dass das Schlimmste eintritt?
4. Was würde ich tun, wenn es tatsächlich einträte? Wäre ich am Boden zerstört oder könnte ich die Situation auffangen?
5. Was kann ich vorbeugend tun, damit es gar nicht erst so weit kommt?

Die Beantwortung der Fragen trägt meist dazu bei, die vermeintliche Krise unabsehbaren Ausmaßes zu übersichtlichen Problemen schrumpfen zu lassen.

Denn wenn wir den Blickwinkel auf eine Sache ändern, uns von einer anderen Seite nähern, entdecken wir häufig neue Aspekte, die uns bei der Bewältigung helfen.

Wer weiß, vielleicht fällt Ihnen ja auf, dass Sie „nur" Angst haben, der „worst case" aber gar nicht so dramatisch ausfallen würde. Damit möchte ich nicht sagen, dass beispielweise eine schwere Krankheit in der Familie oder gar der Verlust eines geliebten Menschen zu einer „Kleinigkeit" degradiert werden und sich einfach abarbeiten lässt. Wir werden uns im Verlaufe dieses Kapitels auch mit Trauer und deren Verarbeitung befassen und auf tiefgreifende Einschnitte im Leben eingehen. An dieser Stelle möchte ich jedoch verdeutlichen, dass wir uns viel zu oft Sorgen machen und Ängste durchleben, obwohl ein Großteil davon in Wirklichkeit nie eintreten oder aber nicht als so dramatisch und negativ empfunden wird.

Denken Sie deshalb – sechste Frage – einmal an alle Krisen in Ihrem eigenen Leben zurück und überlegen Sie genau, ob sie nicht auch eine gute Seite hatten. Denn häufig hören wir davon, dass sich beispielsweise ein junges Paar kennen- und lieben gelernt hat, als sie mit einem schweren Beinbruch im Krankenhaus lag und ihre Karriere als Skifahrerin aufgeben musste, oder dass ein Umzug in eine andere Stadt sich nach einer Zwangsversetzung im Unternehmen als Glückstreffer herausgestellt hat. Auch dass der Verlust des Jobs, der zuerst sehr viel Angst, Scham und damit verbundene Panik verursachte, die Erfüllung eines langgehegten Traumes mit sich brachte. So wie bei Sabine:

ERFAHRUNGSBERICHT von Sabine

Als meine Chefin mich damals in das Besprechungszimmer bat, war mir schon ein wenig mulmig, doch noch immer war ich der Meinung, es könne mir ja nichts Schlechtes passieren. Als sie plötzlich davon sprach, dass es offensichtlich sei, dass das Unternehmen und ich nicht zusammen passen würden, dass sie es lieber sehen würden, wenn wir uns trennten, und dass sie mir nicht kündigen, aber einen Aufhebungsvertrag anbieten, geriet ich in Panik. Was habe ich falsch gemacht? ▶

Wieso kommen die plötzlich mit solchen Dingen? Was ist ein Auf-hebungsvertrag? Tausend Fragen gingen mir durch den Kopf und fast hätte ich im Schock einfach alles unterschrieben. Gerade noch recht-zeitig bat ich um ein paar Tage Sonderurlaub und Bedenkzeit. Nahm den Vertrag und meine Handtasche und verließ die Firma. Heulend erzählte ich am Abend meinem Mann von diesem Dilemma. Noch während ich am Boden zerstört auf das Schreiben in meinen Händen starrte, begann er zu lächeln. Ich stauchte ihn zusammen, was er so dumm zu grinsen hätte und dass ich seine Unterstützung und nicht seinen Hohn erwarte. Und genau die bekam ich dann auch. Er machte mir klar, dass ich eine wertvolle Chance in Händen hielt. Vor lauter persönlicher Betroffenheit und Enttäuschung hatte ich sie nicht sehen können. Doch sein Abstand zu der ganzen Sache ließ plötzlich einen anderen Blickwinkel zu. Dass ich bei dieser Firma nicht weiter glück-lich sein würde, lag auf der Hand. Auch wenn sie keine rechtliche Begründung für eine Kündigung hatten, so war klar, dass an eine vertrauensvolle Zusammenarbeit nicht mehr zu denken war. Ein Zurück gab es also nicht, sondern nur ein „nach vorne". Tom sagte an diesem Abend zu mir: „Du musst mehr wagen und weniger zögern. Schau dir den Vertrag genau an. Da steht unter anderem eine Ablöse-summe. Nimm dieses Geld und verwirkliche deinen Traum, bis alles steht, kann ich uns über Wasser halten." Ich war gerührt von seinem Optimismus und der uneingeschränkten Unterstützung. Wir redeten an diesem Abend noch bis spät in die Nacht und entwarfen einen Schlachtplan, mit dem wir aus dieser vermeintlichen Katastrophe einen Traum machen konnten. Ich muss gestehen, mit der Zeit wurde ich richtig enthusiastisch. Ich notierte Verhandlungsargumente und holte am Schluss durch mein selbstsicheres Auftreten eine ordent-liche Summe raus. Dann stellte ich einen Business-Plan auf und besuchte in meiner nun freien Zeit ein Existenzgründer-Seminar.

▶

Heute führe ich meinen eigenen kleinen Laden, habe eine Angestellte und bin glücklich. Aber auch ich habe zwischendurch an mir, meinen Plänen und der Durchführbarkeit gezweifelt. Ich wünschte mich zurück in die Sicherheit einer großen Firma, mit Kollegen und einem Chef, der im Notfall die Fehler und Probleme mit mir ausbaden muss. Auf eigenen Beinen stehen zu wollen, ist mit Straucheln verbunden. Wichtig ist dann, dass man an seinem Ziel festhält und den Blick darauf richtet. Nur so lernt man zu laufen und unabhängig zu sein. Wer den Kopf in den Sand steckt, sieht den Lichtstreif am Horizont nicht.

Sabines Geschichte ist nicht die einzige Erfolgsstory, die sich aus einer vermeintlichen schlechten Lage entwickelt hat. Sie ist motivierend und ehrlich zugleich, denn auch wenn die Sache gut ausgeht, so heißt es nicht, dass man die eine oder andere Hürde problemlos überspringen kann. Doch wenn man den Blick vom Schlechten zum Guten wendet und ein Ziel vor Augen hat, kann man eben dieses auch häufig erreichen.

„Auch aus Steinen, die einem in den Weg gelegt werden, kann man etwas Schönes bauen."

Johann Wolfgang von Goethe

Aus dem Weg

Manche Probleme und Krisen lassen sich jedoch schon im Vorfeld vermeiden. Dazu ist es häufig notwendig, aus seinen Erfahrungen und Fehlern zu lernen, um erneute Notzeiten weiträumig zu umschiffen. Es gilt alte Muster zu durchbrechen und neue Erfahrungen zuzulassen. Weit zu denken, statt sich einzuschränken!

> *„Nicht die Aufgaben sollen einem über den Kopf wachsen, sondern der Kopf soll über den Aufgaben wachsen."*
>
> ——— *Gerhard Uhlenbruck*

Natürlich gibt es den einen oder anderen Trick, um Krisen aus dem Weg zu gehen und sie zu vermeiden:

— Äußern Sie Ihre Meinungen und Ansichten stets offen und ehrlich. So weiß Ihr Umfeld, was Ihnen wichtig ist, wohin Sie wollen und was Sie nicht mögen. Missverständnisse und anschließende Krisen können von Anfang an vermieden werden. Sätze wie beispielsweise: „Schatz, das konnte ich doch nicht wissen, warum hast du denn nichts gesagt" oder „Frau Mühlbeck, da hätten Sie mal vor der Beförderung von Frau Schüler mit mir sprechen müssen" gehören dann der Vergangenheit an. Zusätzlich stärkt es Ihr eigenes Selbstbewusstsein, wenn Sie sich sicher sind, was Sie eigentlich wollen.

— Fehler zu machen, ist nicht schlimm, wenn Sie daraus lernen. Vermeiden Sie es, den gleichen Fehler ein zweites Mal zu machen. Wenn Ihnen die Ausbildung zur Einzelhandelskauffrau nicht gefallen hat, weil Sie lieber etwas mit Kindern machen möchten, sollten Sie sich gleich nach dem Ausbildungsabschluss umorientieren. Schmeißen Sie nicht alles hin, aber überlegen Sie, wie Sie Ihr eigentliches Ziel erreichen können, ohne irgendwann doch hinter der Wursttheke zu landen – außer Sie lieben genau diesen Job.

— Achten Sie auf Ihre Gesundheit und die Work-Life-Balance. Wenn Sie auf die Signale Ihres Körpers achten, genügend Bewegung und Schlaf in Ihr Leben einbauen und bei der Ernährung nicht ausschließlich auf Fast Food setzen, können Sie einen Zusammenbruch oder ein Burn-out von Anfang an vermeiden.

— Hören Sie anderen gut zu. Wenn Ihre Kinder sich häufig beschweren, traurig sind oder gar depressiv werden, gerät etwas aus den Fugen. Bevor der Jungspund im Affekt abends den Rucksack packt und „abhaut", können Sie frühzeitig intervenieren. Ähnlich ist es mit dem Partner. Wenn die Bedürfnisse des Partners auf Dauer missachtet werden, kann eine Partnerschaft schwer darunter leiden, wenn nicht sogar zerbrechen.

— Entwickeln Sie sich weiter. Achten Sie privat wie auch beruflich darauf, dass Sie sich weiterbilden und zumindest ein Stück mit der Zeit gehen. Lebenslanges Lernen wird besonders in der Berufswelt unumgänglich sein. Wer glaubt, schon alles zu wissen, wird dieses Wissen im Notfall nur noch am heimischen Schreibtisch, nicht aber in der expandieren Firma anwenden können. Krisen lassen sich im Beruf häufig voraussehen. Wer sich darauf vorbereitet und einen Plan B zur Hand hat, ist für stürmische Zeiten gerüstet.

— Stärken Sie Ihren Optimismus. Führen Sie zum Beispiel ein Erfolgstagebuch, wie es viele gute Motivationstrainer empfehlen. Notieren Sie jeden Abend, was Ihnen gut gelungen ist, wer Sie gelobt hat und warum. So werden Sie bald eine hübsche Sammlung an positiven Erlebnissen schwarz auf weiß vor sich sehen und daraus genug Kraft für die Bewältigung großer Herausforderungen schöpfen. Ein ähnliches Ritual können Sie auch bei Ihren Kindern einführen. Mein Sohn und ich überlegen beim Zubettgehen, was an diesem Tag gut gelaufen ist. Und glauben Sie mir, selbst wenn man das Gefühl hat, man habe den ganzen Tag nur geschrien und mit dem Nachwuchs gekämpft, irgend etwas Positives lässt sich immer finden. So gehen Mutter und Kind mit einem guten Gefühl aus den Tag.

Manche kleinen und großen Herausforderungen und Katastrophen lassen sich allerdings auch trotz größter Vor- und Voraussicht nicht abwenden. Fällt man aus Versehen unglücklich die Treppe hinunter und kann aufgrund dessen nicht zum wichtigen Meeting nach Amerika fliegen, hilft auch die gesündeste Ernährung nichts. Wenn das Kind die Windpocken vom Kindergarten ins heimische Wohnzimmer trägt, ist weder Zuhören noch klares Ausdrücken der eigenen Bedürfnisse eine Lösungsstrategie. In diesen Fällen müssen Sie aktiv werden, einen Plan B auspacken und die richtige Strategie aus dem Notfallkoffer ziehen. Ein paar Anregungen dazu finden Sie im Folgenden:

8.3 Strategien für den kleinen Notfall

— Sorgen Sie rechtzeitig für ein gutes Netzwerk – siehe auch Kapitel Networking & Teamfähigkeit! Wenn Sie eine gute Freundin haben, die jederzeit gerne mal auf das Kind aufpasst, einen starken Bekannten, der beim Umzug hilft, eine freundliche Nachbarin, bei der Sie die wichtige E-Mail abrufen können, wenn der PC abstürzt, und einen Freundeskreis, der Sie in schwierigen Zeiten auffangen kann, dann sind Krisen viel leichter zu bewältigen.

— Die Notfall-Apotheke sollte immer mit den wichtigsten Medikamenten gefüllt sein. Ein Erste-Hilfe-Kasten wie für das Auto sollte auch in jeder Wohnung stehen. Des Weiteren lohnen sich Mittel gegen: Übelkeit und Erbrechen, Durchfall und Magen-Darm-Grippe, Kopfschmerzen, Fieber und Husten sowie Schnupfen. Besonders für Kleinkinder gibt es eine reiche Auswahl an homöopathischen Mitteln, die sie gut vertragen. Pflaster (auch wasserfest und für Kinder zur schnelleren Beruhigung mit Motiven) verstehen sich von selbst.

— Versuchen Sie ein paar ruhige Minuten zu erhaschen. Vielleicht nimmt die Mutter eines Kindergartenfreundes Ihr Kind mit zum Spielen und Sie haben so einen Nachmittag Zeit. Auch Omas freuen sich, wenn die kleinen Racker mal wieder zu Besuch kommen. Nehmen Sie sich dann ein leeres Blatt Papier und notieren Sie alles, was Ihnen zu Ihrer momentanen Krise einfällt. Bitte nun nicht alle schlimmen Details aufschreiben und sich noch schlechter fühlen! Hier geht es um Lösungen, Auswege und positive Aspekte des Ganzen.

— Sorgen lassen sich übrigens nicht in Alkohol ertränken — sie können schwimmen! Eine Nacht zum Tag zu machen und die Kündigung für ein paar Stunden zu vergessen, mag nur so lange angenehm sein, bis der Kater am nächsten Morgen die unveränderten Tatsachen laut durchs eigene Hirn schreit.

— Machen Sie einen Plan – den Plan B. Wer über Alternativen verfügt, braucht weniger Angst zu haben. Halten Sie sich auf dem Laufenden, wie Ihre Position auf dem Arbeitsmarkt gehandelt wird, auch wenn Sie nicht vorhaben zu wechseln. Wenn das Kind Ferien hat und die Oma streikt, brauchen Sie ein Liste mit möglichen Babysittern, die kurzfristig einspringen können. Seien Sie ein wenig kreativ, vielleicht entdecken Sie allein bei der Planung bereits ungeahnte Möglichkeiten.

— Last but not least: Halten Sie immer eine Familienpackung Eis und/oder eine Riesentafel Schokolade bereit. Bei kleinen Katastrophen können diese Seelentröster in Minutenschnelle helfen!

Manchmal reichen aber Schokolade und Eis nicht mehr aus, um den Schmerz zu lindern. Denn Gewaltanwendung in Familien, schwere Krankheiten, der Verlust der Arbeitsstelle in fortgeschrittenem Alter bis hin zum Tod, bedürfen einer seelischen Verarbeitung, die sich oft in Trauer ausdrückt.

8.4 Trauer – mehr Gründe, als man denkt

Spricht man von Trauer, denken die Menschen häufig ausschließlich an den Verlust eines geliebten Menschen. Trauerarbeit ist gedanklich fast ausschließlich mit dem Tod verbunden. Doch auch der Verlust einer Arbeitsstelle, die Scheidung und somit das Scheitern einer Ehe und Liebe oder der Umzug aus der Heimat können Leid hervorrufen. Jede Art von Verlust kann Kummer auslösen und muss verarbeitet werden. Dazu ist es wichtig, die einzelnen Phasen der Trauer zu kennen. Die bekanntesten Theorien zum Thema Trauer stammen von Verena Kast und Yorick Spiegel. Ich werde Ihnen die wichtigsten Elemente dieser Theorie kurz darstellen und viele eigene Gedanken und Erfahrungen einbringen, um Ihnen ein umfangreiches Wissen mit auf den teils sehr schwierigen Weg der Trauerbewältigung geben zu können.

Die vier Phasen der Trauer:
Phase 1: der Schock
Phase 2: Selbstkontrolle gegen Gefühle
Phase 3: Erleben und Loslassen
Phase 4: der Weg zurück

Phase 1 – Der Schock

Sobald man die schlimme Nachricht übermittelt bekommt oder selbst direkt involviert ist, steht man häufig unter Schock. Der Verlust des geliebten Menschen, der Arbeitsstelle oder ein sonstiger Rückschlag wird verleugnet. Es entsteht eine Art Vakuum der Empfindungen, und zum eigenen Schutz hofft man oft, man möge einfach nur aus diesem bösen Traum erwachen. Diese Phase dauert meist nur wenige Tage oder Wochen.

Phase 2– Selbstkontrolle gegen Gefühle

Auch wenn der erste Schock verarbeitet wurde, bleibt das persönliche Schutzsystem weiterhin aktiv. Durch Selbstkontrolle und den Einfluss von außen werden alle nun benötigten Aktivitäten gesteuert, um zum Beispiel die Beerdigung, einen Umzug, die Scheidung zu überstehen. Meist helfen uns Freunde, Verwandte, Kollegen oder Nachbarn bei der Bewältigung dieser Aufgaben und nehmen uns viele Entscheidungen ab. Dadurch kann sich der Trauernde sehr passiv und der Welt entrückt fühlen. Viele Dinge scheinen an ihm vorbeizulaufen, ohne ihn emotional anzusprechen. Dies ist jedoch nicht immer so. Die Gefühle können sich in dieser Phase ungewollt sehr schnell abwechseln. So können z.B. Wut über das Alleingelassenwerden, Angst, es selbst nicht zu schaffen, Traurigkeit und Zorn ein Gefühlschaos hinterlassen. Dies hat dennoch auch positive Aspekte, da Emotionen und vielleicht schon seit langem angestaute Gefühle sich in dieser Form einmal entladen können.

Phase 3 – Erleben und loslassen

Nach einiger Zeit kehrt in gewisser Weise Ruhe ein. Die Freunde und Verwandten, die in den letzten Tagen so häufig geholfen, Entscheidungen getroffen und für eine gewisse Selbstkontrolle gesorgt haben, gehen wieder ihre eigenen Wege. Für die Trauernde kommt nun die Zeit, sich noch einmal ganz bewusst mit der Vergangenheit zu beschäftigen – allein. So werden beispielsweise Orte aufgesucht, die man gemeinsam besucht hat, alte Mitarbeiterzeitungen des Arbeitgebers, der gekündigt hat, vernichtet und der Ehering sanft in der Hand gehalten. Das Gefühl, es allein schaffen zu müssen, dominiert, und diese Phase ist die anstrengendste und vielleicht auch schwierigste der vier Phasen.

Phase 4 – der Weg zurück

In der letzten Phase wandert der Blick wieder in Richtung Zukunft. Der Schmerz ist noch groß, doch die Verzweiflung lässt sich nach und nach in den Griff kriegen. Eine langsame Rückkehr ins eigene Leben ist unausweichlich und hilft dabei, aus der Einsamkeit zurückzukehren. Diese Phase ist mit einer Achterbahn der Gefühle verbunden, da es wieder Zeiten gibt, in denen man sich vorstellen kann, es zu schaffen, und nicht mehr nur den Schmerz verspürt. Rückfälle gehören dazu und werden noch einmal sehr schmerzlich sein. Doch diese Zeitabschnitte werden mit der Zeit kürzer und die guten Phasen länger. Wichtig ist, sich nicht einzureden, dass es nicht mehr weh tun darf, und wichtiger noch, sich nicht zur Trauer zu zwingen und aufkommende Freude nicht zu unterdrücken. Durchleben Sie bewusst alle aufkommenden Emotionen. Die Trauer und das Erlebte werden stets ein Teil von Ihnen sein, den Sie auch als solchen akzeptieren sollten. Erinnerungen sind wie Bilder in einem Album. Sie nehmen einen gewissen Platz ein, lassen aber oft noch Raum für weitere.

Zeiten der Trauerarbeit und Krisenbewältigung sind stets sehr kräftezehrend und sowohl körperlich als auch seelisch anstrengend. Präventivmaßnahmen, die wir bereits angesprochen haben, sowie eine hohe Belastbarkeit helfen, diese Zeiten ein wenig leichter zu überstehen zu verarbeiten.

8.5 Stärken Sie Ihre Belastbarkeit

Wir können bei dieser Form der Belastbarkeit keinen Fitnesstest auf dem Ergometer absolvieren und hinterher festlegen, dass wir mit einem pubertierenden Kind bei unserer momentanen Konstitution zwar noch klarkommen würden, sich unser Partner aber besser nicht von uns trennen sollte. Dennoch steht die körperliche sowie seelische Belastbarkeit in engem Zusammenhang. Wer kennt es nicht: Wenn wir erkältet und gesundheitlich angeschlagen sind, bringen uns bereits Kleinigkeiten aus dem Konzept. Fühlen wir uns jedoch frisch und fit, stehen wir auch größeren Herausforderungen mit durchgestrecktem Rücken sicher gegenüber. Ähnlich wie bei einer Erkältung ergeht es uns, wenn wir zu sehr überfordert und gestresst sind. Wir scheinen nicht von der Stelle zu kommen. Im Gegenteil, der Berg vor uns wird immer größer und größer.

TIPP Trick gegen das Gefühl der Überbelastung

Schreiben Sie alles, was Sie belastet, nieder. Jeder Punkt wird auf einer Liste festgehalten und mit möglichst vielen Informationen versehen. Das mag im ersten Moment noch mehr erschrecken, weil man die Masse an unerfüllten Aufgaben schwarz auf weiß vor sich sieht. Doch nur so erhalten Sie überhaupt einen konkreten Überblick und können anschließend einen Punkt nach dem anderen abarbeiten. Alles auf einmal lösen zu wollen, stresst zusätzlich – und zwar unnötig. Mit einer klaren Prioritätenliste behalten Sie den Überblick, erleichtern Kopf und Seele und senken somit den Druck und die Belastung. Gehen Sie es also an – eins nach dem anderen.

8.6 Top Tipps für höhere Belastbarkeit

- Sorgen Sie für gesunde Ernährung. Es ist erwiesen, dass man sowohl körperlich wie auch seelisch deutlich belastbarer ist, wenn man auf ausgewogene und gesunde Ernährung achtet.

- Suchen Sie sich seelische Tankstellen, an denen Sie wieder auftanken können. Wie wäre es mit einem Hobby, bei dem Sie alle Sorgen für ein paar Stunden vergessen können? Ein regelmäßiges Treffen mit Freunden, Spiele-Abende, partnerschaftliche Wochenenden, Kinderausflüge oder einfach nur ein heißes Schaumbad mit einem guten Buch?

- Besuchen Sie ein Seminar oder einen VHS-Kurs, um sich in den Bereichen zu stärken, die Sie am meisten fürchten. Wie wäre es mit einem Existenzgründerseminar, um alle Möglichkeiten auszuloten? Mit einem Elternkurs, um die Reaktionen der Kinder leichter verstehen und somit auch selbst besser damit umgehen zu können? Unwissenheit, auf die wir häufig hingewiesen werden, verunsichert uns und stört unsere Belastbarkeit. Schließen Sie die Wissenslücke, und Sie fühlen sich gleich stabiler.

- Schlafen Sie viel. Gut sieben bis acht Stunden sind besonders in Krisenzeiten notwenig, um Körper und Geist vor Überlastung zu beschützen. Doch nicht nur die Quantität des Schlafes, sondern auch die Qualität ist entscheidend. Lüften Sie vor dem Schlafen noch einmal kräftig durch und achten Sie auf eine kühle Raumtemperatur. Verstellen Sie den Raum nicht mit belastendem Chaos, das die Atmosphäre einer Rumpelkammer statt einer Schlafstätte erzeugt. Mütter werden nun wahrscheinlich entweder schmunzeln oder schimpfen, weil es selten Tage beziehungsweise Nächte gibt, in denen ihnen acht Stunden Schlaf am Stück gewährt werden. Entweder die Kleinen schlafen noch nicht durch, müssen in der Nacht aufs Klo oder sind bereits mit dem Roller auf einer Party und man wartet gespannt auf ihre Heimkehr. Wichtig ist in diesem Fall wieder die Qualität. Schlafen Sie nicht vor dem Fernseher, suchen Sie nach Ritualen, die Ihnen helfen, schnell und fest einzuschlafen!

— Schalten Sie ab! Suchen Sie ganz bewusst nach Ablenkung, die Ihnen Spaß macht und unabhängig von Ihren derzeitigen Problemen ist.

— Wenn Sie nicht abschalten können, dann versuchen Sie doch einfach mal, Tagebuch zu schreiben. Alles, was Sie im Laufe des Tages bewegt, notieren Sie. Termine kommen zusätzlich in den Terminkalender. Witzige Ideen, Ängste, Lob, niedliche Aussprüche des Kindes – alles wird notiert. Das entlastet Gehirn und Seele und schafft wieder etwas mehr Speicherplatz auf Ihrer Belastbarkeitskarte.

— Seien Sie auch körperlich aktiv. Suchen Sie sich einen Ausdauersport, der das Herz-Kreislauf-System stärkt. Beruflich stark engagierte Personen schwören auf Joggen. Dabei entlädt man Aggressionen oder aufgestaute Energie, es macht den Kopf frei und schenkt gleichzeitig neue Tatkraft. Frauen suchen sich hingegen häufig Kurse aus, bei denen sie in Gesellschaft anderer sind. Step Aerobic, Joga, Pilates und vieles mehr tragen positiv dazu bei, ihre Belastbarkeit zu stärken und nebenbei den Effekt des Informationsaustausches sowie des Networkings zu nutzen.

Sie haben nun viele Tipps und Tricks in diesem Kapitel kennengelernt, die Ihnen dabei helfen werden, Ihre ganz persönlichen Krisen zu meistern. Doch der wichtigste Tipp vielleicht zum Schluss:

„Wir dürfen nie aufgeben, selbst wenn alles
noch so schlecht aussieht, selbst, wenn wir nicht mehr
daran glauben können, jemals wieder Erfolg zu haben.
Es öffnet sich immer wieder eine Tür."

Norman Vincent Peale,
US-amerikanischer Pfarrer und Publizist

9 Erfolg durch Lernen, Lehren & Veränderungsbereitschaft

„Lernen ist wie Rudern gegen den Strom,
sobald man aufhört, treibt man zurück."

——————— *Chinesische Weisheit*

9.1 Für das Leben lernen wir – lebenslang

Erinnern Sie sich noch an den alten Schuldirektor oder das nette Fräulein vom Englischunterricht? Alle versuchten uns Schülern weiszumachen: „Für das Leben lernt man". Zwar fragten wir uns bereits vor Jahrzehnten, wozu man in seinem Leben die Integralrechnung gebrauchen kann, kamen aber um dieses Unterrichtsthema nicht drum herum. Wenigstens die Grüppchenbildung um das beliebteste Mädchen auf dem Pausenhof, das Bewusstsein für angesagte Butterbrotdosen sowie der Kampf um den vordersten Platz der Schulranzenreihe an der Bushaltestelle haben uns auf das Leben vorbereitet. Heute lernen die Kids ähnliche Lebensgrundlagen, doch hat sich der alles überragende Spruch verändert und lautet heute: „Man lernt ein Leben lang." Ich denke, dass beide Redensarten in der heutigen Zeit Gültigkeit haben und eine hohe Aktualität aufweisen. Denn gerade im Zusammenspiel mit unseren Kindern sehen wir, wie wichtig es ist, für das Leben zu lernen, wohingegen auf beruflicher Ebene ohne lebenslanges Lernen kein Blumentopf mehr zu gewinnen ist. Die Zeiten, in denen man sein gesamtes Arbeitsleben bei einem Unternehmen verbringen konnte, sind längst vorbei. Wer in der heutigen Zeit nicht die Bereitschaft in sich trägt, auch nach der Schule sein Wissen stets zu erweitern und neue Wege zu beschreiten, wird bereits nach wenigen Jahren auf dem Arbeitsmarkt untergehen. Das Wissen der Welt verdoppelt sich durchschnittlich alle fünf Jahre – wie können wir unter diesen Voraussetzungen davon ausgehen, nicht mehr dazulernen zu müssen?

Wenn man in einer geselligen Runde das Thema Schule, Weiterbildungen oder Lernen im Allgemeinen anschneidet, erntet man meist innerhalb kürzester Zeit eine Vielfalt unterschiedlichster Schuldzuweisungen, Ausflüchte, Verbesserungsvorschläge und sonstige Kommentare, die uns leider im realen Leben selten weiterbringen. Es wird geschimpft, dass so viele Schulstunden ausfallen, weil der Lehrermangel nicht behoben werden kann. Ähnlich wie bei der Fußball-WM scheint die Nation auf einen Schlag besser zu wissen, wie ein ausgewogener und lebensnaher Lehrplan auszusehen hat. Wir beschweren uns über die Kinderhortsituation, den aktuellen Arbeitsmarkt, die fehlenden Ausbildungsplätze, die mangelnden pädagogischen Fähigkeiten der Lehrkräfte sowie über die Zusammenstellung einzelner Klassen. Im Bereich der Erwachsenenbildung hören wir stets, dass es nahezu unmöglich ist, auch noch Zeit für die Weiterbildung zu erübrigen, dass die Kosten zu hoch sind, und mindestens so viele Ausflüchte, wie es Arbeitslose in diesem Land gibt. Viele dieser Argumente scheinen auch berechtigt zu sein und es hat Sinn, sich an passender Stelle für die Behebung der Missstände einzusetzen.

Doch ein Jammern auf hohem Niveau bringt uns und unsere Kinder nicht voran. Daher möchte ich nun nicht die oben aufgeführten Darstellungen weiter untersuchen und wie so viele mit Verbesserungsvorschlägen versehen, sondern mich mit Ihnen auf das konzentrieren, was wir selbst zu ändern imstande sind. Die Dinge beleuchten, die wir in die Hand nehmen, mit denen wir unseren Kindern den Start ein wenig erleichtern und unserer eigenes Leben stabilisieren können.

9.2 Lernen und Lehren

Egal ob als Teil einer Familie oder einer Abteilung, wir haben nicht nur die Verantwortung, uns selbst weiterzuentwickeln und neue Dinge und Sichtweisen zu erlernen, sondern auch, unser Wissen weiterzugeben. Also Lernen & Lehren. Im weiteren Verlauf werden Sie feststellen, dass viele Basiselemente sich automatisch auf beide Lebensbereiche beziehen. Denn wenn wir beispielsweise darüber reden, in welcher Atmosphäre wir am besten lernen, sollten wir dies als Lernender sowie als Wissensvermittler/Lehrer berücksichtigen. Bei meinen eigenen Trainings habe ich festgestellt, dass Methoden aus dem heimischen Kinderzimmer sehr gut in der Firma einzusetzen sind und ich die eine oder andere Managementregel in abgewandelter Form vom Büro mit nach Hause nehmen kann. Diese Erkenntnis hat mich und viele berufstätige Mütter sehr beruhigt und darin bestätigt, dass wir bereits über viele Fähigkeiten verfügen, die wir an beiden Fronten anwenden können und die damit zu unserem eigenen Erfolg sowie zum Erfolg unseres Umfeldes beitragen.

Doch bevor wir in unüberschaubaren Aktionismus verfallen, den nächsten VHS-Kurs buchen oder unsere Kinder vor das Abc-Poster setzen, sollten wir bereit für Veränderungen sein und uns klarmachen, was unser Lernziel ist. Viele glauben noch heute, dass das, was sie einmal erlernt haben und worin sie ohne Frage bestimmt auch sehr gut sind, bereits ausreichend ist. „Wozu Geld ausgeben, schließlich habe ich mein Meisterzeugnis und das sollte ja wohl ausreichen!"

Auch folgende Ausreden werden immer wieder gerne angeführt:

- Ich arbeite seit meiner Ausbildung in diesem Unternehmen, warum sollte ich daran etwas ändern?
- Ich habe keine Zeit für Weiterbildungen.
- Wenn ich jetzt etwas lerne, ist es übermorgen eh schon wieder veraltet.
- Die Trainer sind doch alles Halsabschneider. Woher weiß man denn da noch, wer gut ist oder nur dein hart verdientes Geld will?
- Es ist doch alles gut so, wie es ist.
- Ich bin kein Streber.
- Wozu soll ich so viel Geld ausgeben?

Doch bekanntlich machen sich Bildung und Ausbildung fast immer bezahlt:

> *„Eine Investition in Wissen bringt immer noch die besten Zinsen."*
>
> *Benjamin Franklin*

9.3 Fit für den Start

Investieren Sie also in Ihre eigene Zukunft und in die Ihrer Kinder. Denn nicht nur als Angestellte oder Selbständige müssen wir stets am Ball bleiben. Auch als Mutter und Familienmanagerin sollten Sie auf „lebenslänglich" plädieren und lernen, was das Zeug hält.

Stellen Sie sich also vorab folgende Fragen und beantworten Sie diese am besten schriftlich:

— Was ist mein persönliches Ziel? Habe ich einen speziellen Jobtitel vor Augen? Möchte ich mich am liebsten selbständig machen? Will ich nach meiner Elternzeit wieder in den Beruf einsteigen? Interessiert mich eine neue Sprache oder ein besonderes Hobby?

— Welche Weiterbildungen und Lerninhalte helfen mir dabei, mein Ziel zu erreichen? Kann ich bereits aus Büchern lernen, reicht ein Rhetorik-Kurs an der VHS aus, möchte ich während meiner Elternzeit ein Fernstudium abschließen oder besuche ich einen Existenzgründer-Kurs und steige danach in mein Wunschaufgabengebiet ein?

— Kümmern Sie sich schon im Vorfeld um Ihre Motivation. Machen Sie sich klar, warum Sie etwas lernen wollen. Überlegen Sie schon jetzt, welche Stützen Sie brauchen werden, wenn Sie mal in einem Lerntief versinken. Welche Argumente werden zu jeder Zeit dafür sprechen und dafür sorgen, dass Sie Ihr Ziel nicht aus den Augen verlieren und unermüdlich weiterlernen?

— Welche Zeit bin ich bereit zu investieren? Was wird sich dadurch in meinem Leben ändern? Es nutzt nichts, wenn Sie einen Abendkurs mit IHK-Abschluss besuchen wollen,

aber als Alleinerziehende kaum noch Spielraum mit den Babysittern haben.
- Welche finanziellen Mittel stehen mir zur Verfügung? Kann der Arbeitgeber die Weiterbildung übernehmen und wie argumentiere ich hierzu am besten?
- Welche Informationen brauche ich noch? Welche Lernmethode ist sinnvoll? Wer kann mir helfen, wer bietet diese Kurse oder Lerninhalte an?
- Lernkontrolle – woran erkenne ich, dass ich gute Fortschritte mache? Gibt es eine Prüfung oder gar einen anerkannten Abschluss?

Auch in Bezug auf Ihre Kinder sollten Sie sich die eine oder andere Frage stellen:
- Wie kann ich in der Familie ein lernfreundliches Umfeld schaffen?
- Bin ich ein gutes Vorbild in Bezug auf Veränderungs- und Lernbereitschaft?
- Durch welche Aktivitäten und Hilfestellungen kann ich mein Kind unterstützen und fördern?
- Ist wirklich jeder PEKIP-, Montessori- und Mathematikförderkurs nötig?
- Was kann ich als Familie dazu beitragen und in welchen alltäglichen Situationen kann ich Wissen fürs Leben vermitteln?

Beantworten Sie diese Fragen nach Möglichkeit schriftlich. So wird sich Ihr Gehirn bereits im Unterbewusstsein mit diesem Thema beschäftigen und Ihr Handeln zielgerichtet antreiben.

Wenn Sie nun also ein wenig Licht in das Dunkel des Lernens gebracht und sich persönlich oder für Ihre Familie ein Ziel gesetzt haben, sollten Sie sich mit Hilfe der folgenden Theorien und Techniken den Weg in die Praxis bahnen.

9.4 Schaffen Sie ein positives Lernumfeld

Bevor wilder Aktionismus wütet, sollten gewisse Vorraussetzungen für ein angenehmes Lernumfeld geschaffen werden. Achten Sie dabei stets auf die persönlichen Vorlieben und Eigenheiten, die auch beim Lernen eine wichtige Rolle spielen.

Lernumgebung: Gestalten Sie sich Ihre Lernumgebung individuell je nach Ihren Bedürfnissen. Achten Sie dabei darauf, dass eine Grundordnung herrscht und Sie wichtige Informationen und Nachschlagewerke direkt zur Hand haben. Achten Sie auch auf ausreichend Licht und frische Luft.

Musik: Manche lernen mit Musik leichter. Besonders Kinder können sich Sachverhalte wie beispielsweise das Abc musikalisch dargestellt besonders gut merken. Klatschen Sie doch mal die Vokabeln, singen Sie ein Gedicht mit Ihrem Kind. Es gibt gerade im Kinderbereich viele Lieder, die pädagogisch wertvolle Inhalte vermitteln.

Bewegung & Entspannung: Bewegen Sie sich und suchen Sie bewusst Entspannung. Sprechen Sie sich doch mal Ihren Lernstoff auf einen MP3-Player und hören Sie sich die Aufnahme unterwegs bei einem Spaziergang an. Sprachen lassen sich so wunderbar lernen.

Wie Sie am Ball bleiben

Wenn es sich nicht gerade um einen Abendkurs an der VHS, einen zweistündigen Vortrag eines Experten oder das Lernspielheft des Vorschulkindes handelt, treten bereits nach kurzer Zeit die ersten Motivationsschwankungen auf. So gibt es viele Situationen, in denen sich folgende Schwankungen immer wieder bemerkbar machen und wir lernen müssen, damit umzugehen und sie entsprechend zu nutzen.

BEISPIEL Julia hat einen neuen Job als Assistentin der Geschäftsleitung angenommen, während ihre Freundin Regine fast zeitgleich mit einer Zusatzausbildung zur Personalfachkauffrau im Abendstudium startet. Am Anfang sind beide sehr aufgeregt und gehen mit viel Elan an die neue Aufgabe heran. Zwar herrscht zu Beginn noch ein wenig das „Mal schauen, wie das so wird"-Gefühl sowie ein gesundes Maß an Unsicherheit, doch das legt sich nach den ersten Arbeitstagen oder Schulungsabenden schnell. Die beiden können den neuen Bereich, die Kollegen und Mitschüler ein wenig kennenlernen und suchen sich nun ihre eigenen Positionen. Es sieht alles gut aus, sie scheinen noch ein wenig unter Welpenschutz zu stehen, weil sie schließlich noch nicht alles wissen können. Doch schon bald haben beide selbst den Eindruck, dass sie eigentlich gar nichts wissen. Das Selbstbewusstsein und die Motivation sinken rapide ab. Es ist nun hoffentlich beruhigend, wenn sie hören, dass dies normal ist. Ein Phase aus Zweifel, Unwissenheit und großer Herausforderung gehört dazu. In dieser Phase müssen sich Julia und Regine bewusst machen, worin ihre Stärken liegen und warum sie diesen Weg gewählt haben. Sie wecken ihre inneren Reserven und fangen ganz bewusst an, Gas zu geben. Wichtig ist, sich in dieser Phase nicht von ▶

Flüchtigkeitsfehlern aus der Ruhe bringen zu lassen, sondern sich auf die eigentlichen Aufgaben zu konzentrieren und konstante Leistungen zu bringen, die auch die anderen sehen können. Langsam, aber sicher wird das Selbstbewusstsein aus dem Tief herauskrabbeln und den beiden ein neues und dieses Mal konstanteres Hoch verschaffen. Sie müssen nun am Ball bleiben und sich immer wieder selbst motivieren.

9.5 Wie motiviert man sich eigentlich?

Spricht man über Motivation, fällt spätestens im zweiten Satz der Begriff „Maslow'sche Bedürfnispyramide". Diese zeigt das Schaubild:

Doch was sagt uns diese Pyramide, und wie hängt ihr Inhalt mit unserer Motivation zusammen?

Physische Grundbedürfnisse

Der stabile breite Boden der Pyramide besteht aus unseren physischen Grundbedürfnissen, nämlich Hunger, Durst und Schlaf. Sind diese Bedürfnisse befriedigt, verlieren sie schnell an Bedeutung. Doch jeder weiß, dass bei starkem Hunger oder Durst alle anderen Bedürfnisse unwichtig werden und erst einmal diese Grundlage wieder geschaffen werden muss. Vielleicht erklärt dies auch, warum Männer bei starkem Hunger kaum ansprechbar und, solange der Bauch leer ist, zu nichts zu gebrauchen sind.

Sicherheitsbedürfnisse

Die nächste Stufe betrifft unsere Bedürfnisse nach Schutz und Ordnung, Sicherheit und Stabilität. Es besteht die Angst vor Chaos und Gesetzlosigkeit. In diese Sparte fällt also auch unser Rechtssystem. Der Mensch achtet nach dem Stillen von Hunger und Durst auf das Gefühl von Sicherheit und Struktur. Das macht sich bemerkbar, wenn wir das Gefühl haben, dass uns Dinge entgleiten und wir nicht mehr sicher sind. Wir werden alles dafür tun, diesen Zustand der Sicherheit wiederherzustellen, und vernachlässigen währenddessen beispielsweise unsere sozialen Bedürfnisse.

Soziale Bedürfnisse

Soziale Erfordernisse drücken sich in Form von Liebes- und Zugehörigkeitsbedürfnissen aus. So ist die Familie immer noch Priorität Nummer eins und das Zerwürfnis innerhalb dieser sowie der Ausschluss aus einer Gemeinschaft eine ernstzunehmende Bedrohung für unser Selbst.

Wertschätzung und Anerkennung

Wertschätzung und Anerkennung sind bereits sehr weit oben in der Pyramide angesiedelt. In unserer heutigen Gesellschaft sind sie enorm wichtig. Schließlich leiden wir in den seltensten Fällen Hunger, können uns auf unser Sicherheitssystem verlassen und weite Entfernungen, die früher Familien trennten innerhalb weniger Stunden überbrücken. Die Suche nach Anerkennung, Wertschätzung und gewissermaßen Macht nimmt immer mehr Platz ein und kann daher nicht mehr außer Acht gelassen werden.

Selbstverwirklichung

Dies gilt auch für den Wunsch nach Selbstverwirklichung. Zeiten, in denen gerade wir Frauen unsere eigenen Wünsche und Prägungen außer Acht ließen, weil wir uns dafür verantwortlich fühlten, die Familie zu erhalten, sind langsam vorbei. Zwar begeben wir uns noch immer in die klassische Rollenverteilung und bleiben während der Elternzeit zu Hause, doch zeigen die steigenden Existenzgründerzahlen von Frauen eindeutig, dass wir dabei sind, uns und unsere Träume zu verwirklichen.

Unsere Motivation und die Bereitschaft für Veränderungen entspringen also den oben genannten Bedürfnissen. Wir strengen uns an, um mehr Geld zu verdienen, damit wir das Zuhause und somit ein gewisses Maß an Sicherheit für unsere Familie gewährleisten können. Wir streben eine Karriere an, um Anerkennung und Wertschätzung zu erfahren. Wir machen uns selbständig, um uns selbst zu verwirklichen. Wenn Sie also mal wieder an Ihrem Tun und Handeln zweifeln und sich fragen, warum Sie das alles machen: Suchen Sie nach Ihren inneren Motivatoren und Gründen, die allem einen Sinn verleihen.

MOTIVATIONSHILFEN Um die Motivation noch ein wenig zu steigern und dabei auf weniger abstrakte Grundlagen wie denen der Maslow'schen Pyramide aufzubauen, anbei noch ein paar Praxistipps:

- Wetten Sie! Wissenschaftler fanden heraus, dass Ziele zu 97 % erreicht wurden, wenn vorab Wetteinsätze darauf gesetzt wurden. Ohne Wette wurden lediglich 20 % verwirklicht.
- Suchen Sie sich ein Ziel, das Sie mit Leidenschaft erfüllt. Wenn Sie etwas lieben, werden Sie viel mehr Energie in die Verwirklichung investieren.
- Erledigen Sie auch kleine Schritte mit vollem Einsatz! Schon der Weg sollte Spaß machen, nicht erst das Ziel!
- Belohnen Sie sich bereits bei der Ereichung von Teilzielen.
- Kleben Sie sich Collagen von Ihrem Ziel. Machen Sie sich ein Bild davon, wie schön es sein kann, wenn Sie es erreichen. Nutzen Sie Fotos, Zeitungsausschnitte und Ähnliches. Seien Sie kreativ. Sie müssen es ja keinem zeigen, Hauptsache ist doch, dass es Ihnen hilft!

Wenn wir also herausgefunden haben, was und warum wir es tun, sollten wir uns nun die passenden Lernmethoden suchen. Denn schließlich gibt es auch beim Lernen mehr als nur einen Weg zum Ziel.

9.6 Die passende Lernmethode

Je nach Thema benötigen Sie unterschiedliche Lernmethoden. Wer nicht die passende Strategie wählt, wird bald die Lust und Ausdauer verlieren. Schauen Sie sich Ihr Lernziel also noch einmal genau an und überlegen Sie gut, welche Methoden Sie nutzen können. Auch als Lehrer sollten Sie Ihren Schülern eine Auswahl an Möglichkeiten offerieren und somit die Chance auf erfolgreiche Wissensaneignung erhöhen.

Anleitung und Nachahmung: Wer Tennis spielen will, kann sich dies wohl schlecht über eine Lernkartei aneignen. Da lohnt sich ein Trainer und das Lernen durch Anleitung und Nachahmung. Ähnlich verhält es sich mit vielen Dingen, die unsere Kinder erlernen. Erklären Sie doch mal Ihrer Tochter, wie man eine Schleife bei den pinkfarbenen Schnürschuhen bindet. Sie können es noch so gut in Worte fassen, erst beim Zeigen und Nachahmen werden Sie beide erfolgreich sein.

Coaching: Suchen Sie sich einen Coach oder Mentor, der Ihr Vorbild ist und Ihnen bei der Erfüllung der Ziele behilflich sein kann. Dabei kann es sich um den Vorgesetzen, einen erfolgreichen Experten oder aber einen guten Bekannten handeln. Wichtig ist, dass die Person, die Sie sich aussuchen Ihnen fachlich überlegen ist. Das erhöht zwar zu Beginn die Hemmschwelle, um Unterstützung anzufragen, ist aber unumgänglich, wenn das Coaching erfolgreich sein soll.

Lerngruppen: Bei vielen berufsbegleitenden Studiengängen und IHK-Gruppen bilden sich innerhalb kürzester Zeit Lerngruppen. Schließen Sie sich auf jeden Fall einer solchen Gruppe an, wenn sich Ihnen die Möglichkeit bietet. Das Vermitteln der Lerninhalte in eigenen Worten oder das Diskutieren über verschiedene Lösungsansätze verstärkt das eigene Verständnis und verankert das Wissen. Zusätzlich werden weitere Sichtweisen und Argumentationen offengelegt, an die man selbst vielleicht nie gedacht hätte. Lerngruppen können also weit mehr, als nur Spaß bringen und den Kaffeekonsum erhöhen. Nutzen Sie diesen Effekt.

Lernposter: Diese können zum Beispiel mit dem Abc für die Kleinen oder den Akupunkturpunkten für die Heilpraktikerausbildung Lerninhalte wunderbar veranschaulichen. Nutzen Sie Schaubilder, wo immer Sie können, denn das Gehirn denkt in Bilder und nicht in Worten. Oder sehen Sie etwa bei dem Begriff Sahnetorte die einzelnen Buchstaben vor dem inneren Auge?

Lernkartei: Perfekt geeignet zum Vokabelnüben bei neuen Sprachen, aber auch für Formeln in der Mathematik, Grundregeln und Definitionen in BWL. Auch ältere Kinder können diese Methode sehr gut nutzen.

Fachliteratur: Welches Thema auch immer Sie gerade vertiefen: Nutzen Sie auf jeden Fall die dazu passende Fachliteratur. Fragen Sie Ihre Dozenten, die Kindergärtnerin, die Kollegen und den Chef nach einem Buchtipp. Schlendern Sie durch die Bücherei und machen Sie auch am Zeitschriftenregal Halt. Lassen Sie dann den Fernseher ausgeschaltet und nutzen Sie die freien Minuten zum Lesen und Vertiefen der Lerninhalte.

Sorgen Sie für Abwechslung: Nutzen Sie alle zur Verfügung stehenden Medien zum Lernen und Lehren. Bücher fordern aktiv zum Mitmachen auf, Kassetten und CDs können passiv gehört werden. Recherche im Internet, der Austausch in Gruppen und das Stöbern in Fachzeitschriften helfen bei der Wissens-vermehrung. Für Kinder gibt es mittlerweile Unmengen an Lernmaterialien. Nutzen Sie auch hier das umfangreiche Ange-bot und gestalten Sie die Aufgaben abwechslungsreich.

Bei all diesen Möglichkeiten geht es aber auch darum, das geeignete Mittelmaß zu finden. Es nutzt weder Ihnen noch Ihren Kindern etwas, wenn ein Kurs nach dem anderen absol-viert wird, aber kaum Zeit für die Umsetzung im Leben bleibt. Viele vergessen, dass die Theorie auch erst einmal in der Pra-xis Anwendung finden muss und man erst im Anschluss wei-ter darauf aufbauen sollte.

INFO Wie wir was behalten

10 % behalten wir durch Lesen

20 % behalten wir durch Hören

30 % behalten wir durch Sehen

50 % behalten wir durch Sehen + Hören

80 % behalten wir durch Selbersagen

90 % behalten wir durch Selbertun!

Auch im Fall meines eigenen Buches bedeutet dies, dass Sie leider nur 10 % von dem Gelesenen behalten werden. Ein Buch zu lesen und anschließend im Regal stehen zu haben, garantiert also noch lange keinen Erfolg. Um Sie dennoch zum erwünschten Ergebnis zu führen, habe ich gleich eine wundervolle Übung für die Praxis für Sie, damit Sie Ihr Wis-sen durch eigenständiges Tun besser speichern können. Denn 10 % + 90 % = 100 %!

ÜBUNG Suchen Sie eine Aufgabe, die Sie Ihrem Kind und/oder Kollegen beibringen können. Gehen Sie behutsam dabei vor und machen Sie nicht den Eindruck eines Oberlehrers. Denken Sie dabei nun an oben genannte Studienergebnisse. Erst erklären Sie die Aufgabe in eigenen Worten und belassen es dabei. Na, kann Ihr Kind aufgrund dessen den Schnürsenkel selbst zubinden oder die Kollegin das neue Computerprogramm bedienen? Nein, dann machen Sie es vor. Zeigen Sie, wie es geht und welche Arbeitsschritte nacheinander notwendig sind. Jetzt wird es vielleicht im Ansatz funktionieren, doch so richtig im Gedächtnis ist es über Tage nicht geblieben. Nun machen Sie es mit Ihrem Kind/Kollegen gemeinsam. Zeigen Sie die einzelnen Schritte, erklären Sie diese noch einmal dabei. Dann lassen Sie den anderen das Ganze selber machen. Dabei soll er Ihnen erklären, was er da gerade tut. Und Sie werden sehen, mit ein bisschen Übung ist es nun ein Kinderspiel.

9.7 Was wirklich zählt

Die effektivste Methode, die Lernbereitschaft und den Willen sowie die Möglichkeit zur Veränderung zu stärken und zu vermitteln, ist: die Vorbildfunktion! Wir lernen bereits im Säuglingsalter durch Beobachten und Nachahmen von Verhaltensweisen. So verhalten sich die Kinder wie ihre Eltern, Mitarbeiter nehmen die Philosophie des Chefs an und wir selbst orientieren uns ebenfalls an unserem Umfeld. Oft geschieht dies unbewusst, und erst bei genauer Betrachtung sehen wir, dass wir Eigenarten anderer Menschen angenommen und Wissen von ihnen übernommen haben.

Seien auch Sie Vorbild!

Soll Ihr Kind mehr auf Ordnung achten, seien Sie selbst ordentlich. Möchten Sie, dass man Ihnen zuhört, seien Sie selbst eine gute Zuhörerin. Wer selbst nicht in der Nase popelt, die dreckigen Schuhe vor der Tür auszieht und Kinder nicht anlügt, wird gute Chancen haben, diese Regeln auch beim Nachwuchs durchsetzen zu können.

> *„Der Mensch glaubt dem Auge mehr als dem Ohr. Deshalb führen gute Vorbilder schneller zum Ziel, als gute Lehren."*
>
> ———— *Seneca*

Zum Abschluss dieses Kapitels möchte ich Ihnen noch ein paar Top Tipps mit auf den Weg geben, die Ihnen helfen werden, beim eigenen Lernen & Lehren sowie der Bereitschaft für Veränderung aktiv zu bleiben.

9.8 Top Tipps: Lernen – ein Kinderspiel für Jung und Alt

— Kinder wie auch Erwachsene lieben Herausforderungen. Wenn ihnen etwas langweilig erscheint, ist die Lernbereitschaft eher niedrig. Gestalten Sie deshalb das zu Erlernende als Herausforderung oder gar Abenteuer. Egal ob ein Hochseilgarten mit einer Gruppe Manager oder das Zuknöpfen eines Hemdes als Vorbereitung auf eine Faschingsparty – alles, was uns herausfordert, spornt uns an.

— Nutzen Sie alle Sinne! Gestalten Sie den „Unterricht" so, dass alle Sinne angesprochen werden. Wissen Sie, wie die Farbe Orange riecht? Wie sich „hart" anhört? Wie schmeckt denn eigentlich „lecker"? Beim gemeinsamen Kochen lassen sich viele wichtige Informationen für unsere Kinder in ein sinnliches Erlebnis verpacken. Riechen, Schmecken, Fühlen und Sehen findet man hier im Zusammenspiel. Ähnlich ist es beim Spaziergang durch den Wald, bei dem man Tierarten, Pflanzen und Zusammenhänge in der Natur erläutern kann. Erklären Sie die Grundfarben und deren Mischergebnisse doch mal durch Malspaß mit Fingerfarben, bei dem sogar noch kleine Kunstwerke entstehen, auf die Kinder besonders stolz sind.

— Gestalten Sie ein Erlebnis. Verpacken Sie Wissensinhalte, besonders die vermeintlich langweiligen und trockenen, in ein spannendes Erlebnis. Werden Sie kreativ. Besonders bei Kindern kann man während des Baus eines Baumhauses viele Naturelemente erläutern: Hölzer, Gräser, Blätter, Natur, Wald, Wetter, Tiere, die im Baum wohnen und vieles mehr. Auszubildende kann man ein Projekt leiten lassen und ihnen dadurch besondere Managementfähigkeiten vermitteln. Führungskräfte können bei einem Outdoor-Teambuilding so einiges erleben.

— Bringen Sie Bewegung ins Spiel. Bei Kleinkindern ist der Bewegungsdrang besonders stark zu spüren. Auch wenn die Bewegungsfreiheit durch das Sitzen in der Schule und am Arbeitsplatz im Laufe der Zeit stark reduziert wird, so werden Ihnen sowohl Kinder als auch Erwachsene ein bisschen Bewegung beim Lernen danken. So können Sie mit Kindern an verschiedenen Stationen arbeiten: auf dem Boden, am Tisch, an einer kleinen Tafel. Machen Sie zum Beispiel passende Musik an und tanzen Sie mit den Kindern. Klatschen Sie das Abc, spielen Sie zum Beispiel „Verstecken" und üben Sie dabei das Rückwärtszählen. Malen Sie mit Fingerfarbe Zahlen und Buchstaben in riesigen Buchstaben auf eine alte Rolle Tapete, in den Sandstrand während des Urlaubs oder in den Schnee. In Seminaren mit Erwachsenen gibt es ebenfalls einige Möglichkeiten und Spiele, um die Gruppe auf Trab und aus der Lethargie zu bringen. Auch Gruppenarbeiten, zu denen man sich in einen anderen Raum begeben muss, helfen ein wenig Bewegung zu beschaffen.

Humor erleichtert das Lernen

Vergessen Sie bei all der Ernsthaftigkeit nicht eine ausreichende Portion Humor und Spaß an der Sache. Besonders bei Kindern sollten wir darauf achten, ihnen keine negativen Grundsätze in Bezug auf Lernen mit auf den Weg zu geben. Suchen Sie sich humorvolle Anekdoten für Ihr Seminar oder Ihre Rede. Lassen Sie sich eine Kleinigkeit für Kinder einfallen. Und denken Sie stets daran:

„Erfolg hat, wer andere erfolgreich macht!"

—————— *unbekannt*

10 Erfolg durch Multitasking & Organisationstalent

„Gegenüber der Fähigkeit,
die Arbeit eines einzigen Tages sinnvoll zu ordnen,
ist alles andere im Leben ein Kinderspiel."

—————— *Johann Wolfgang von Goethe*

Ein schönes Zitat von Johann Wolfgang von Goethe. Besonders berufstätigen Müttern, Familien mit mehreren Kindern und allen Selbständigen und Führungskräften dürften die Worte eines solch herausragenden Mannes Balsam für die Seele sein. Offensichtlich erkennt jemand die Herausforderungen, die wir jeden Tag bewältigen müssen. Denn nicht immer ist es leicht, Haushalt, Beruf, Kinder, Partnerschaft, Freunde, Hobby, Verwandte und Ehrenämter unter einen Hut zu bringen. Wir beginnen, immer schneller zu arbeiten, schneller zu essen, schneller zu leben. Alles muss in 24 Stunden „gepackt" werden. Stress wird zum Modewort. Wer keinen Stress hat, scheint etwas falsch zu machen oder gar faul zu sein. Wer einen leeren Terminkalender vorzeigt und ohne Wartezeiten gar spontane Verabredungen treffen kann, scheint keine Freunde und zu wenig Arbeit zu haben. Immer mehr, immer schneller, immer besser! Das ist die Devise, die uns letztendlich zum Verzweifeln bringt.

10.1 Multitasking –
Untergang oder Rettung?

Das Telefon klingelt und wir gehen mit einem Lächeln in der Stimme an den Apparat. Auf die Frage „Na, wie geht's?" antworten wir relativ entspannt „Prima", während wir mit der einen Hand den Kartoffelbrei auf dem Herd umrühren und mit der anderen unsere E-Mails am PC abrufen. Natürlich haben wir währenddessen unseren Nachwuchs im Blick und sehen aus dem Küchenfenster den Nachbarn beim Umzug zu. Unser Mann, der gerade von der Arbeit nach Hause kommt, beobachtet uns mit großen Augen. Wenn wir ihm später eine Frage über die anstehende Wochenendplanung stellen, während er gerade sein neues Werkzeug sortiert, sollen wir doch bitte warten, bis er damit fertig ist. Schließlich sei er keine Frau und könne nicht tausend Dinge gleichzeitig tun. Wir sind dann stolz auf all die Aufgaben, die wir gleichzeitig bewältigen, die auf den ersten Blick offensichtliche Zeitersparnis.

Doch mittlerweile bezweifeln einige Wissenschaftler den Vorteil von Multitasking und belegen ihre Studienergebnisse häufig mit Tests im Bereich „Unfallgefahr beim Autofahren". So wurde beispielsweise belegt, dass das Telefonieren im Auto das Unfallrisiko um ein Vielfaches erhöht. Dabei ist es egal, ob man über Headset, Freisprechanlage oder verbotener Weise mit dem Handy in der Hand telefoniert. Auch spricht man davon, beim Multitasking Zeit zu verlieren, obwohl der erste Eindruck das Gegenteil suggeriert. Dies liege daran, dass man die Tiefe in der Arbeit einzelner Aufgaben nicht finden könne, sie nur oberflächlich erledige. Es fehle einem der sogenannte Flow.

INFO Flow

Noch immer gibt es keine wirklich passende Übersetzung dieses englischen Begriffes. Der Tatbestand kann aber als Schaffensrausch und als das völlige Aufgehen in einer Aufgabe beschrieben werden. Mihaly Csikszentmihalyi entwickelte die Theorie des Flow für den Sportbereich. Er überträgt diese Theorie mittlerweile jedoch auch auf andere Bereiche und Themen. Der „Flow" versetzt uns während der Bewältigung einer Herausforderung in einen Zustand, in dem wir uns wohl fühlen, alles einfach zu funktionieren scheint und Körper und Geist absolut in Einklang sind. Man ist optimal motiviert, nicht über- oder unterfordert, kann sich ungestört konzentrieren und hat einfach ein gutes Gefühl dabei. Dadurch arbeitet man in hoher Qualität und Quantität.

Sie selber kennen diesen Zustand vielleicht, wenn Sie konzentriert und ohne Unterbrechung an einem großen Projekt arbeiten, beim Joggen in das berühmt-berüchtigte Runners High gelangen oder beim abendlichen Malen im Wohnzimmer einfach Raum und Zeit vergessen. Das kann Ihnen gar nicht passieren, da Sie einfach keine Zeit für künstlerische Tätigkeiten oder konzentriertes Arbeiten haben? Ständig werden Sie von Kindern, Kollegen oder dem Partner behelligt? Das ist kein Problem. Flow können Sie bei jeder Tätigkeit empfinden, doch häufig fällt es uns gar nicht bewusst auf. Wir nehmen dann lediglich wahr, dass wir uns wohl fühlen und die Arbeit an diesem Tag besonders leicht von der Hand geht. Und ich finde, dass alleine ist schon viel wert, auch wenn man es nicht mit dem wissenschaftlichen Begriff Flow in Verbindung bringt.

Es geht hier also nicht darum, alles schwarz oder weiß zu sehen, alles auf einmal oder nur eine Sache zu tun. Jeder muss auch in diesem Fall individuell auf die eigenen Bedürfnisse reagieren. Ich persönlich empfinde es entgegen den wissenschaftlichen Ergebnissen zum Beispiel als sehr befriedigend, im Notfall einfach mal mehrere Dinge auf einmal zu erledigen. Dadurch kann ich Engpässe überbrücken und kann auch kurzfristig agieren. Auf der anderen Seite genieße ich die Momente, in denen ich mich ungestört einer einzigen Arbeit widmen kann. Es gibt wie so oft im Leben keine optimale Lösung. Eine gute Mischung aus allem bringt uns zum Erfolg. Und wenn wir ehrlich sind, genießen wir Frauen den Status, jener Teil der Bevölkerung zu sein, der gleichzeitig reden und zuhören kann.

Denn negativ müssen wir unsere außerordentliche Fähigkeit wahrlich nicht sehen. Immerhin hilft sie uns dabei, auch während eines anregenden Gespräches mit der besten Freundin das Kind vor dem Sturz von der Rutschenleiter zu bewahren, schon während des Kundengespräches am Telefon wichtige Details in den Computer einzugeben und bei Bedarf mehreren Kindern oder Kunden gleichzeitig zuzuhören.

Um sowohl in den Familien wie auch im Job das eigene Organisationstalent ein- und umzusetzen, sollten wir also all unsere Fähigkeiten aktivieren und in die richtigen Kanäle leiten. Wir müssen uns der Strategien bewusst werden, unser Können erkennen und Wege sehen und beschreiten, auf denen all dies zielgerichtet einsetzen.

10.2 Schritt für Schritt zum Organisationstalent

Als ich für dieses Kapitel recherchierte, war schnell klar, dass dieser Abschnitt in engem Zusammenhang mit den anderen Kapiteln dieses Buches steht. Schließlich sind die klassischen Zeitmanagement-Elemente, Kreativität im Lösungsansatz eines Problems sowie Entscheidungsfreude unverzichtbar für effektive Organisation. Da Sie die Möglichkeit haben, all jene Grundlagen in ausführlicher Form in den jeweiligen Kapiteln genauer zu studieren, möchte ich mich hier hauptsächlich auf die aktive Umsetzung von Organisationsgrundlagen konzentrieren und Ihnen sehr praxisbezogene Tipps und Tricks mit auf den Weg geben.

Weg mit dem Ballast

Um im Bereich Organisation erfolgreich zu sein, gilt es grundsätzlich öfter, Ballast abzuwerfen. Wenn Sie an der U-Bahn-Station warten, löschen Sie in Ihrem Handy alte Nummern und Kontakte, die Sie seit Ewigkeiten nicht mehr nutzen oder die bereits veraltet sind. Wer als Beifahrerin Hunderte Kilometer neben dem Partner fristet, hat endlich die Chance, in Ruhe die Handtasche auszuräumen. Alte Parfümflaschen, unnötige Quittungen, zerrupfte Tampons, harte Kaugummis und vieles mehr, dass sich über Wochen und Monate in den Tiefen unserer überlebenswichtigen Begleiter angesammelt hat – alles wandert am nächsten Parkplatz direkt in den Mülleimer. Der Terminkalender wird ausgedünnt, alte Visitenkarten wandern ins Altpapier, Lebensmittel mit abgelaufenem Verfallsdatum werden entsorgt und im Kleiderschrank der Kinder wieder Platz geschaffen. „Entrümpeln" heißt der Grundpfeiler für eine klare Struktur in jeder Organisation.

Manche Leser mögen an dieser Stelle etwas genervt sein, weil Sie diesen Tipp mittlerweile in ähnlicher Form in vielen Büchern und Zeitschriften finden. Stimmt, es sei in diesem Atemzug aber auch gesagt, dass ja irgendwas dran sein muss. Wenn Sie noch nicht entrümpelt haben, dann ist es auf jeden Fall einen Versuch wert, bevor Sie genervt weiterblättern. Sollten Sie diesen Tipp schon einmal verfolgt haben, werden Sie mir die Wiederholung zugestehen, denn dann wissen Sie bereits, dass es funktioniert und für die Büro- wie auch die Haushaltsorganisation ein wichtiger Eckpfeiler ist. Denn wenn der Schreibtisch oder der Kleiderschrank erst einmal leer und frisch gewischt ist, ist die Bereitschaft, nicht wieder alles vollzustopfen, sehr hoch. Sie werden Ordner, Ihre Tüchersammlung, Handyrechnungen, DVD-Sammlungen, Kundenanfragen bereitwilliger sortieren und sind sofort um ein Vielfaches organisierter. Probieren Sie es aus!

10.3 Organisation im Büro, Haushalt und Privatleben

Sie werden schnell merken, dass eine Grundordnung im beruflichen sowie privaten Leben eine große Hilfe ist. Sie werden dadurch Zeit und vor allem Nerven sparen, um Ihre Aufmerksamkeit nicht mit Suchen zu verschwenden, sondern sich auf das Wesentliche zu konzentrieren. Denn gut organisiert zu sein, ist keine Zauberei sondern eine geschickte Anwendung von Prinzipien und Grundregeln, die auch Sie lernen können.

Organisation im Büro

— Richten Sie eine automatische Weiterleitung für Ihre E-Mails ein. So kanalisieren Sie Ihren Informationsfluss, der immer schneller anzuschwellen scheint und uns schon nach wenigen Tagen Abwesenheit zu überrollen droht.

— Achten Sie auf klare Aufgabenverteilungen! Arbeiten zwei oder gar mehr Mitarbeiter zeitgleich an ein und derselben Aufgabe, kann es schnell zu Unklarheiten und Chaos führen. Je genauer Sie die Bereiche definieren, umso leichter fällt es dem gesamten Team, die anstehende Arbeit zu organisieren.

— Besorgen Sie sich neue leere Ordner, bevor der alte fast voll ist. Wer erst agiert, wenn der Bedarf unausweichlich wird, bindet unnötig Ressourcen, die gegebenenfalls gerade in jenem Moment an anderer Stelle benötigt würden.

— Beschriften Sie Ihre Ordner mit klaren Informationen. Statt „Job" schreiben Sie lieber den Namen des Arbeitgebers sowie den Inhalt („Vertrag, Abrechnung, Beurteilungen") darauf. Auf Ordnerdeckel oder Mappenaußenseiten können Sie bequem Kundendaten, Telefonnummer, weiterführende Informationen und so weiter notieren. So sind diese sofort zur Hand.

— Vereinbaren Sie mit Ihren Kollegen eine „ruhige Stunde", in der Sie das Telefon auf die Kollegin umstellen können, die Bürotür gegebenenfalls verschlossen bleibt und E-Mails

nicht beantwortet werden. Denn genau in dieser Zeit können Sie komplexe Aufgaben konzentriert bearbeiten.

— Verwenden Sie eine Wiedervorlage, die Sie sich mit den
Kollegen teilen. Ein abteilungsübergreifender Überblick
hilft allen Beteiligten.

— Ein gemeinsamer Terminkalender oder Programme wie
„Outlook" vereinfachen die Terminkoordination, wenn
jeder das System pflegt und mit ihm arbeitet.

— Vermeiden Sie hohe Stapel. Nutzen Sie Ordnersysteme,
Hängeregistraturen und weitere Ablagesysteme, die Ihnen
liegen.

— Nur einen Vorgang auf den Schreibtisch legen. Höchstens
die direkt mit dem Projekt verbundenen Nebenaufgaben
hinzunehmen. Alles andere wartet an passender Stelle
abseits Ihres Aktivitätsradius. Lassen Sie sich nicht unnötig
ablenken.

Organisation im Haushalt

— Halten Sie eine gewisse Grundordnung ein. Denken Sie an
die „schnelle Runde" aus dem Zeitmanagementkapitel!

— Achten Sie darauf, dass jeder Gegenstand seinen festen
Platz hat. Was benutzt wird, wird nach Gebrauch wieder
an seinen Platz zurückgelegt! Das erspart unnötige Suche-
rei, Nerven, Zeit und schafft einen klaren Überblick.

— Nutzen Sie Ordnungssysteme, Haken, Fächer, Kistensys-
teme, die es günstig zu kaufen gibt.

— Ein Familienkalender, der für alle gut sichtbar ist und von
jedem Familienmitglied genutzt werden kann, erleichtert
die Terminkoordination.

- Bringen Sie angefangene Aufgaben stets zu Ende. Beginnen Sie nicht mit den Kindern zu basteln, während Sie einen Kuchen backen. Räumen Sie erst den Schuhschrank auf, bevor Sie sich auch noch dem Kinderkleiderschrank widmen. So behalten Sie den Überblick und fühlen sich nicht so leicht überfordert.
- Schaffen Sie Rituale und Regeln, die jedes Familienmitglied einhalten muss. Wenn Kinder von Anfang an in Alltagsaufgaben eingebunden werden, geht vieles langfristig leichter und stressfreier von der Hand.
- Routine bringt Klarheit und Ruhe in immer wiederkehrende Abläufe. Vielleicht waschen Sie am liebsten am Freitag, weil Sie dann am Wochenende die Wäsche in Ruhe wegbügeln können. Eine Einkaufsliste, die am Sonntagabend erstellt wird, kann einen Überblick über die Essens- und Kochpläne für die gesamte Woche und eine ausreichende Vorratshaltung garantieren. Frühjahrsputz kann eine Art Putzfestival für die ganze Familie werden. Seien Sie kreativ!
- Bilden Sie Arbeitsblöcke. Besorgungen werden in einer Tour erledigt. Alle Anrufe hintereinander beantwortet. Die Räume am Stück gewischt und nicht heute der eine und morgen der andere. Bleiben Sie so besser organisiert!
- Sorgen Sie für ein gut funktionierendes Equipment. Wenn der Staubsauger optimal läuft, die Fenster mit dem passenden Leder gereinigt werden können, Schränke mit platzsparenden Vorratsdosen genutzt werden und alle benötigten Informationen wie Kochrezepte, Pizzabringdienste und Notfallnummern an Ort und Stelle sind, kann nichts mehr Ihr Organisationstalent beeinträchtigen.

Organisation des Privatlebens

— Achten Sie darauf, nicht zu viele Ehrenämter anzunehmen. Spätestens wenn der Kegelclub, der Elternbeirat, der Fußballverein und der Frikadellentisch der Nachbarschaft im Dezember zur Weihnachtsfeier einladen, wird es organisatorisch eng. Suchen Sie sich die Aufgabe, die Ihnen am wichtigsten erscheint. Ein Amt, in das Sie sich gerne einbringen, aus dem Sie aber auch selbst wieder Energie gewinnen können.

— Sprechen Sie miteinander! Nutzen Sie Momente, in denen die Familie beisammen ist, um wichtige Dinge und Aufgaben zu besprechen. Wer miteinander kommuniziert, erleichtert den Organisationsaufwand!

— Schreiben Sie Listen! Packlisten für den Sommer- sowie Winterurlaub, Einkaufsliste, Weihnachtspläne und viele mehr. Sobald Sie ein Thema in eine Liste packen können – tun Sie es! Einfach im Computer speichern und bei Bedarf ausdrucken.

— Legen Sie ein Geschenkfach an. Eine Schublade, in der sich eine kleine Auswahl an Geschenken, Gruß- und Glückwunschkarten befindet, kann Ihnen viel Stress ersparen. So sind Sie nämlich für einen spontanen Besuch bei einer lieben Freundin, einen vergessenen Kindergeburtstag und Ähnliches gewappnet.

— Nicht jedes Familienmitglied braucht fünf Hobbys. Je mehr terminierte Freizeitbeschäftigungen Sie vereinbaren, umso weniger Luft bleibt für spontane Verabredungen, Vorbereitungen zu Hause und alltägliche Aufgaben. Schnell werden Mütter zum Taxifahrer der Familie und finden kaum noch

Zeit für andere Dinge. Ein Hobby pro Person, das intensiv betrieben wird, sollte ausreichen. Eine klare Wahl hilft dabei, sich auf das Wesentliche zu konzentrieren und Kindern ein gewisses Maß an Beständigkeit mit auf den Weg zu geben.

— Lernen Sie, um Hilfe zu bitten oder angebotene Unterstützung auch anzunehmen.

— Suchen Sie sich Ladestationen für Ihre ganz persönlichen Batterien. Nur wenn Sie hin und wieder auftanken können, können Sie Höchstleistung erbringen.

— Planen Sie ausreichend Leerzeiten und Puffer in Ihrem Terminkalender ein. So können spontane Aufgaben, Notfälle und kurze Ausflüge optimal eingebunden werden, ohne die restliche Organisation sofort aus den Angeln zu heben.

10.4 Alle Jahre wieder und andere Feierlichkeiten

Ob im Betrieb oder in der Familie: Es gelten die gleichen Spielregeln und Organisationsgrundlagen. Ich möchte Ihnen dies gerne an einem sehr praktischen Beispiel deutlich machen, mit dem wir sowohl im Beruf als auch im Privatleben immer wieder konfrontiert werden. Denn egal ob Firmenweihnachtsfeier, Kindergeburtstag, Produkteinführung, Silberhochzeit der Eltern, Jubiläumsfeier oder Hochzeit – die Planung von Feierlichkeiten fordern unser Organisationstalent bis in die Haarspitzen.

ERFAHRUNGSBERICHT Bei meinem ehemaligen Arbeitgeber hatte ich ein aufschlussreiches Erlebnis. Ich saß an meinem Schreibtisch in der Firma und versuchte, einen wilden Stapel aus Angeboten, Vorschlägen und Budgetplänen zu sortieren, um meinem Chef ein schlüssiges Konzept für unser alljährliches Mitarbeiterfest vorlegen zu können. Plötzlich stand er im Türrahmen und knurrte: „Und, Frau Jakob, wie kommen Sie voran? Das Fest soll übrigens eigentlich so sein wie im letzten Jahr, aber irgendwie auch wieder ganz anders. Na, Sie wissen schon. Als Mutter kennen Sie sich damit doch bestimmt aus." Was für eine Aussage! So plötzlich, wie er aufgetaucht war, war er auch schon wieder verschwunden – doch die Erleuchtung blieb. Er hatte völlig recht, denn als Mutter kenne ich mich ja damit aus. Erst vor ein paar Wochen stand ich vor der Herausforderung, den Kindergeburtstag meines Sohnes zu organisieren. Seine Wünsche und Forderungen waren ähnlich konkret wie die meines Chefs: Er wollte eine Piratenfeier mit einer Ritterburg als Einladung, eigentlich die blauen Ballons wie letztes Jahr, aber doch alles anders, und vor allem „cool" musste es sein. Die Kindergästeliste änderte sich nahezu stündlich und konnte deutlich mit Gummibärchen, Zuwendungen oder Freundschaftsbekundungen in Form von „Wenn du mich einlädst, bin ich auch dein bester Freund" beeinflusst werden. Kaum zu glauben, dass wir als Mütter es dennoch verstehen, mit der Dekoration, der Mischung aus vorgegebenen Spielen und Freiraum sowie dem passenden Schokokuchen in Autoform ins Schwarze zu treffen, und auf der anderen Seite daran zweifeln, eine Firmenfeier organisiert zu bekommen. Also holte ich mir einen frischen Kaffee und machte mich mit gestärktem Bewusstsein für mein Organisationstalent an die Sache ran. Heraus kam ein Fest, mit dem sowohl der Chef, die Mitarbeiter und letztendlich ich selbst sehr zufrieden waren. Organisationstalent ist schließlich eine der Schlüsselfähigkeiten von uns Familienmanagerinnen!

In 5 Schritten zur gelungenen Feier

Im Grunde können Sie jegliche Art von Feier nach einem festgelegten Grundschema angehen und durch ein paar individuelle Variationen ausgestalten. Gehen Sie dabei systematisch und in folgenden fünf Schritten vor:

Sammeln

Greifen Sie zu Papier und Stift, holen Sie sich eine dampfende Tasse Kaffee oder Tee und sammeln Sie. Schreiben Sie zu Beginn alle Details auf, die Ihnen bisher bekannt sind. Wünsche der Kollegen oder des Geburtstagskindes, des Chefs und der Verwandten. Sie haben eigene Ideen und kennen bereits die passenden Kontakte und Anbieter? Steht bereits ein Termin und gibt es Alternativen? Dann notieren Sie auch diese Informationen bis ins letzte Detail. Alles, was auf Papier gebannt wird, belastet Ihren Kopf nicht mehr und schafft Kapazitäten für neue kreative Ideen und die nötige Portion Ruhe und Überblick. Schreiben Sie vor allem alles auf, auch wenn es Ihnen noch so unmöglich erscheint. Wir neigen in vielen Bereichen dazu, uns frühzeitig Grenzen zu setzen. Diese sind meist viel zu eng und hemmen unsere Ideen und Möglichkeiten zum Erfolg. Denken Sie vorab noch nicht an Budgets oder an die Haushaltskasse, an die Sprüche der anderen Kindergartenmütter oder Kollegen. Noch sieht es keiner, also raus damit! Vielleicht lässt sich die Weihnachtsparty mit Hilfe eines Indoor-Beachvolleyballplatzes doch zu einer Strandparty umfunktionieren.

Alles schön und gut, aber Ihnen fällt so gar nichts ein? Keine innovative Idee für das anstehende Jubiläum der Firma, fehlende Einfälle für den 40. Geburtstag des Ehegatten? Lassen Sie sich nicht entmutigen, kramen Sie ein wenig in der Schatzkiste Ihrer Erinnerungen und rufen Sie sich eine tolle Feier ins Gedächtnis, die auch Wochen später unvergesslich blieb. Was war daran besonders? Wie können Sie sich diese Informationen für Ihr anstehendes Fest zunutze machen? Welche Wunschvorstellung hatten Sie als Kind von Ihrem Kindergeburtstag? Welcher Zeitungsartikel über einen Event hat Sie neulich so zum Lachen gebracht? Lassen Sie sich bei Bedarf öfter in der Kaffeeküche des Unternehmens blicken und erfragen Sie die Wünsche, Ideen und Vorschläge Ihrer Kollegen. Veranstalten Sie einen Wettbewerb für die beste Partyidee. Lassen Sie Ihr Kind ein Bild von seinem Traumgeburtstag malen. Glauben Sie nicht, dass bei all diesen Gelegenheiten der zündende Gedanke dabei sein könnte? Probieren Sie es aus! Wenn Ihr Blatt trotzdem leer bleibt, schauen Sie in der größten Ideensammlung der Welt nach, dem WorldWideWeb (www), oder kontaktieren Sie eine Eventagentur.

Nun sortieren Sie Ihre Daten. Kontakte gehören zu Kontakten, Zeitrahmen stehen neben weiteren Deadlines und die Themenvorschläge werden zusammengefügt. Prüfen Sie Ihre Ideen zum ersten Mal mit kritischem Blick und erstellen Sie dann Ihre ganz persönliche Top 3. Den Rest behalten Sie noch immer in Reserve. Noch wird nichts verworfen oder gar in die Altpapiertonne geworfen.

Der Blick aufs Budget oder die Haushaltskasse

Nun wird es Zeit, dass Sie sich über das Budget Gedanken machen und Ihren finanziellen Rahmen festlegen. Wie teuer darf die Feier maximal sein, welche Vorgabe gibt das Unternehmen, welches Limit setzt die Haushaltskasse? Wenn der zur Verfügung stehende Betrag für Ihre Favoriten nicht ausreichend ist, können Sie diesen ggf. durch eine Sammelaktion unter Kollegen, einen Geschenkvorschlag gegenüber Freunden und Verwandten aufstocken. Gerade im privaten Bereich sind die Gäste meist sehr froh, wenn ihnen eine sinnvolle Geschenkidee präsentiert wird, zu der sie einfach nur einen gewissen Betrag zahlen müssen. So könnte der Traum von einem Geburtstag im Heißluftballon oder Fußballstadion für Ihren Mann trotz des engen Budgets in Erfüllung gehen. Bei Firmenveranstaltungen lohnt es sich, auf Sponsorenfang zu gehen. Wer beliefert das Unternehmen, wer arbeitet sehr eng mit Ihnen zusammen, wem können Sie einen Tausch an Waren oder Gutscheinen anbieten? Bevor Sie die Ansprüche und Wünsche Ihrer Top 3 reduzieren, versuchen Sie Ihr Budget zu erhöhen!

Zapfen Sie Ihre Netzwerke an

Nun heißt es: Action! Werden Sie aktiv und zapfen Sie Ihr Netzwerk an. Auch im Bereich der Organisation einer Feierlichkeit können Sie sowohl von Ihren Kontakten als Mutter sowie Ihrem beruflichen Netzwerk profitieren. Nutzen Sie die Vielfalt Ihrer Verbindungen. Die Arbeit an Ihrem Netzwerk zahlt sich nun ein weiteres Mal aus. Hier finden Sie bestimmt viele Menschen, die Sie um Unterstützung bitten können. Häufig reicht es schon aus, in passender Runde von dem neuen Projekt zu sprechen. Meist kommen schon bald von vielen Seiten Ideen und Vorschläge. Scheuen Sie sich nicht, diese Hilfe anzunehmen. Vielleicht wurde bei der letzten Elternbeiratssitzung von der Firmenfeier des Beiratsvorsitzenden erzählt. Rufen Sie ihn an und bitten Sie um Kontaktadressen. Bei der Freundin Ihrer Tochter fand im letzten Jahr Ponyreiten statt – fragen Sie ihre Mutter und lassen Sie sich beraten. Ein Ausflug auf die Kegelbahn könnte ein nettes Revival sein? Dann kontaktieren Sie den netten Nachbarn, von dem Sie wissen, dass er seit Jahrzehnten im Kegelverein ist. Wenn Sie Ihr Adressbuch durchblättern, werden Sie erstaunt sein, wie viele interessante Menschen Sie kennen. Wichtig ist, dass diese Kontakte auch genutzt werden. Lassen Sie sich Kostenvoranschläge schicken, vergleichen Sie Angebote und fragen Sie gleich nach der Verfügbarkeit zum geplanten Termin. Für alle Details, die keinen Eintrag in Ihrem Planer aufweisen können, bleibt auch hier wieder die Recherche im Internet sowie den Telefon- und Branchenbüchern.

Ablaufplan

Sie haben nun Ideen, ein Budget und die passenden Kontakte. Um nun den Überblick nicht zu verlieren, lohnt es sich, einen detaillierten Ablaufplan zu erstellen. Egal, welche Feier Sie organisieren, ob es sich um eine Präsentation vor der Geschäftsleitung handelt oder Sie ein Projekt auf den Weg bringen müssen. Ein Ablaufplan dient als Leitfaden, als Stütze in der Organisation. Er macht Lücken, zusätzlich anfallende Aufgaben und Fehler sofort sichtbar. Der Ablaufplan kann an alle Beteiligten verteilt werden und bringt Sie und Ihr Team unkompliziert auf den gleichen Wissensstand. Er dient gleichzeitig als Grundlage für die Vorstellung Ihrer Idee bei Ihrem

Chef. Auch privat sollte ein Ablaufplan nicht fehlen. Wer liefert wann welche Torte, kann jemand beim Christbaumschmücken helfen, wie organisiert man die Fahrgemeinschaften ins nächstgelegen Spaßbad und wer lenkt den Partner am Festtag ab, bis die Überraschungsgäste alle eingetroffen sind? Dieser Plan kann ebenfalls an alle Beteiligten verteilt werden oder dient zumindest für die ganze Familie als Anhaltspunkt, wenn er direkt neben dem Familienkalender hängt.

Notieren Sie daher bis ins Detail, welche Arbeitsschritte anstehen, bis wann diese erledigt sein müssen und wer dafür verantwortlich ist. Fügen Sie eine extra Spalte ein, in der abgearbeitete Aufgaben abgehakt werden oder zusätzliche Notizen und Begebenheiten notiert werden können. Hier können auch Kontaktadressen der Lieferanten, des Kinderclowns, der Babysitter und sonstiger Ansprechpartner vermerkt sein, um bei Bedarf alles schnell zur Hand zu haben. Diese Liste sollten Sie auch am entsprechenden Tag immer parat haben, so dass Sie stets den Überblick behalten.

Genießen Sie Ihren Erfolg

Sie haben Ihren Chef überzeugt und Ihren Ablaufplan sowie die darin befindlichen Aufgaben gewissenhaft abgearbeitet, Ihre Kontakte genutzt und die anstehende Feier voll im Griff? Für den Notfall sind Sie gerüstet und sehen dem Ereignis gespannt entgegen? Dass der fünfte Geburtstag Ihres Kindes in Begleitung von neun Freunden und der eigenen Verwandtschaft nicht zum Erholungstag wird, ist klar? Dass Sie angespannt die Firmenfeier mit 1.200 Mitarbeitern verfolgen, stets ein Auge auf alles haben und keinen Happen des gigantischen

Buffets probieren, welches Sie organisiert haben, kommt Ihnen ebenfalls bekannt vor? Dann ist genau jetzt der richtige Zeitpunkt, um anzufangen, Ihren Erfolg zu genießen! Nicht erst, wenn Sie sich im Chaos Ihrer Küche wiederfinden oder mit dem Abbauteam die Bühne auseinanderschrauben. Nein, genau jetzt! In dem Moment, in dem Sie Ihren Mann überraschen. In dem Moment, in dem die Augen Ihres Kindes so sehr mit dem schokoladeverschmierten Mund um die Wette strahlen. In dem Moment, in dem Ihr Chef eine bewegende Ansprache hält und Ihnen am Schluss für die Organisation des gelungenen Festes dankt.

Sie haben keinen Erfolg, weil der Künstler, den Sie für die Firmenfeier bestellt haben, zu spät kam und die Oma mit einem versteckten Kirschkern ihr Gebiss ruiniert hat? Sind Sie sicher? Erfolg steckt nämlich oft im kleinen Detail.

Erfolg verhält sich wie Glück. Es ist kein Zustand, sondern setzt sich aus vielen kleinen Momenten zusammen.

Momenten wie zum Beispiel: die strahlenden Augen Ihrer Tochter, wenn sie die Kerzen auf dem rosa Geburtstagskuchen auspustet, den Sie ihr gebacken haben; das kommentarlose Schulterklopfen Ihres Chefs mit dem stolzen Blick auf die Schar der Mitarbeiter; die Schwiegermutter, die Ihre Tischdekoration beim runden Geburtstag Ihres Partners lobt; Mitarbeiter, die sich auf der Feier neu kennenlernen, miteinander lachen und Spaß haben; die Erleichterung darüber, dass der Tag, für den Sie so lange gearbeitet haben, erfolgreich zu Ende geht. Das alles ist Erfolg und genau den haben Sie sich verdient!

10.5 Top Tipps für Organisationstalente

- Sammeln Sie alle Ideen, schränken Sie Ihre Phantasie nicht ein und notieren Sie alle Gedanken. Erstellen Sie zum Schluss Ihre favorisierten Top 3.
- Kontrollieren Sie Ihr Budget oder die Haushaltskasse. Bei Bedarf kann der zur Verfügung stehende Betrag durch Sammelaktionen, Sponsoring oder gemeinsame Geschenkstrategien aufgestockt werden.
- Nutzen Sie die Vielfalt Ihrer Kontakte oder lassen Sie sich weitervermitteln. Netzwerken Sie und nehmen Sie Hilfe an.
- Erstellen Sie einen Ablaufplan, der Deadlines, Ansprechpartner/Verantwortliche, alle Aufgaben und eine Zeile für Besonderheiten enthält. Verteilen Sie diesen Plan an alle Beteiligten.
- Genießen Sie Ihren Erfolg!

Ende gut – alles gut!

Alle Tipps und Hinweise in diesem Kapitel beziehen sich zum größten Teil auf eine Familien- oder Firmenfeier. Doch nicht nur dort können wir als Mutter, Arbeitnehmerin oder Selbständige unser Organisationstalent erfolgreich einsetzen. Werden Sie kreativ, nutzen Sie die genannten Vorschläge auch in anderen Situationen. Trauen Sie sich!

Schließlich sind Mütter die besseren Manager!

Register

... bringt es auf den Punkt.

Elke Fuhrmann-Wönkhaus

So entspannt mein krankes Kind

Geschichten zum Wiedergesundwerden

Für Kinder ab 5 Jahren

Mit praktischen Anleitungen und Übungen

Buch mit Audio-CD
96 Seiten, 14,5 x 21,5 cm, Broschur
ISBN 978-3-89994-174-6
€ 12,90 [D] · € 13,30 [A]

Diese Geschichten tun einfach gut! Beim Vorlesen finden Sie und Ihre Kinder Entspannung, Mut, Kraft und Abstand zu den Problemen. Gemeinsam betreten Sie für eine kurze Zeit eine heilere Welt. Die Erzählungen muntern auf und lassen eine kleine Oase entstehen. Ein Schatzkästchen, um schnell wieder gesund zu werden – mit vielen praktischen Anleitungen und Übungen.

- Entspannungstraining verständlich erklärt
- Fantasiereisen für Kinder
- Zum Vorlesen und auf CD

Die Autorin

Elke Fuhrmann-Wönkhaus ist Dipl.-Sozialwissenschaftlerin, Erzieherin und Psychotherapeutin. In ihrer eigenen Praxis bietet sie Kurse und Weiterbildungen in ganzheitlicher Entspannung für Kinder und Erwachsene an.

Stand Februar 2008. Änderungen vorbehalten.

... bringt es auf den Punkt.

Barbara Link

Moderne Familienformen

Navigationshilfe für Alleinerziehende
und Patchwork-Familien

160 Seiten, 12,5 x 18,0 cm, Broschur
ISBN 978-3-89994-168-5
€ 8,90 [D] · € 9,20 [A]

Alleinerziehend oder Patchwork-Familie – wer in sogenannten „modernen Familienformen" lebt, für den hält der Alltag viele Herausforderungen bereit. Die Autorin zeigt Lösungswege für die typischen Probleme und macht all jenen Mut, die sich hin und wieder schlicht überfordert fühlen. Mit vielen praxiserprobten Tipps!

- Der erste Ratgeber für Alleinerziehende und Patchwork-Familien voller praxiserprobter Tipps
- Alle wichtigen Informationen verständlich in einem Buch

Die Autorin

Die Journalistin Barbara Link hat Artikel zu den Themen Familie und Kinder in Deutschlands renommiertesten Zeitungen und Magazinen veröffentlicht, mehrere Bücher geschrieben und ist selbst alleinerziehende Mutter.